Marc Laban kämpfte selbst jahrelang an der Front seines eigenen und vor allem des Gerümpels seiner Familie. Bis er schließlich eine im Laboratorium des Alltags gereifte, neue Einstellung zu den Dingen fand. Am Ende dieses steinigen Weges stand eine gleichermaßen einfache wie praxiserprobte Strategie des Entrümpelns von Raum und Zeit, die seitdem von vielen Mitmenschen erfolgreich umgesetzt wird.

Klaus Puth ist Illustrator und Cartoonist aus Leidenschaft. Seine bislang bekanntesten und erfolgreichsten Markenzeichen sind »Die Gänse« und »Yoga-Kühe«, außerdem erfand er »Das kleine QuEntchen Glück«. Er gibt regelmäßig Zeichen-Workshops für Kinder und Erwachsene. Seit 2005 ist er Vorstandsmitglied der Frankfurter Künstlergesellschaft 1857.

Marc Laban

Der kleine
Lebensentrümpler

Wegschmeißen, aufräumen, Nervensägen ausbremsen – ENDLICH DURCHATMEN!

Illustrationen von Klaus Puth

KÖNIGSFURT-URANIA

Wichtiger Hinweis Das vorliegende Buch wurde sorgfältig erarbeitet. Dennoch erfolgen alle Angaben ohne Gewähr. Weder Autor noch Verlag können für eventuelle Nachteile oder Schäden, die aus den im Buch vorgestellten praktischen Hinweisen resultieren, eine Haftung übernehmen.

Bibliographische Information der Deutschen Nationalbibliothek
Die Deutsche Nationalbibliothek verzeichnet diese Publikation in der Deutschen Nationalbibliographie; detaillierte bibliographische Daten sind im Internet über http://dnb.d-nb.de abrufbar.

Einige Teile des Textes erschienen vormals als Buchclub-Ausgabe des Club Bertelsmann und unter dem Titel „Weg mit dem Gerümpel" bei Anaconda.

Originalausgabe
Krummwisch bei Kiel 2018

© 2018 by Königsfurt-Urania Verlag GmbH
D-24796 Krummwisch
www.koenigsfurt-urania.com

Illustrationen: Klaus Puth, Mühlheim am Main
Agentur: Lorenz-Schayer Licensing, Köln

Umschlaggestaltung: Antje Betken unter Verwendung einer Illustration von Klaus Puth
Lektorat: Martina Weihe-Reckewitz
Satz und Layout: Antje Betken, Oldenbüttel
Druck und Bindung: Finidr s.r.o.
Printed in EU

ISBN 978-3-86826-166-0

INHALT

VORWORT

Unser Leben findet statt in Raum und Zeit. Hört sich banal an. Kann aber ziemlich kompliziert sein. Philosophie, Religion und Naturwissenschaft kümmern sich seit Jahrtausenden um Raum und Zeit. Sind Raum und Zeit nur durch unsere subjektive Wahrnehmung definiert? Oder gibt es jenseits unserer Wahrnehmung auch so etwas wie objektiven Raum, objektive Zeit? Und wie verhalten sich Raum und Zeit zueinander (Einstein!)?

Das sind Fragen.

In der Talsohle des Alltags stellen sich andere Fragen. Hier bedeuten Raum und Zeit nämlich einfach: Wir leben in Räumen. Und wir leben mit einem begrenzten Zeitkontingent, das man gemeinhin Leben nennt.

Und die Fragen sind weniger philosophisch. Sie sind mehr praktisch: Warum ist mein Wohnraum eigentlich mit Tausenden von Dingen so verrümpelt? Wo doch das Wort »Raum« vom mittelhochdeutschen »rûm« für »das nicht Ausgefüllte« und für »freier Platz« herrührt? Und warum schaffe ich es nicht, mich von all den Dingen zu trennen, die meinen Raum – gegen meinen Willen! – erobert haben?

Und warum liege ich jeden Abend im Bett und denke: »Wer hat an der Uhr gedreht? Ist es wirklich schon so spät …? Und ich hab wieder mal nix geschafft!«

Das sind Fragen! Da hilft keine Relativitätstheorie.

Räume müssen funktionieren. Räume sind Heimat. Räume können die Seele streicheln. Räume können passen, wie ein maßgeschneiderter Schuh.

Räume können aber auch zum Gefängnis werden. Sie können uns die Luft zum Atmen nehmen. Wenn sie vollgestopft sind mit Dingen. Entbehrlichen Dingen. Dann rauben sie uns die Beweglichkeit, dann hängen sie uns wie ein Klotz am Bein, rauben uns auch Zeit. Weil man suchen muss. Alles und Jedes. Dann werden Räume zu Lebenszeiträubern.

Lebenszeiträuber lauern aber auch ganz woanders. Da gibt es all die kleinen und großen Nervensägen, die einem über den Tag verteilt begegnen und etwas von einem wollen, was man eigentlich nicht geben will: Aufmerksamkeit. Manchmal sind es auch tradierte Denkmuster, die uns im Weg stehen und uns daran hindern, die Zeit so zu nutzen, wie wir es eigentlich möchten.

Die Rückeroberung von Raum und Zeit Raum und Zeit gehen in der Regel schleichend verloren. Diesen Umstand beklagen viele Menschen. Ist statistisch und psychologisch alles hinlänglich durchmessen und dokumentiert.

Die meisten Betroffenen sehnen sich danach – bewusst oder unbewusst –, ihre Herrschaft über die Dinge und ihr Leben zurückzuerobern. Sie wissen nur nicht, wo anzufangen – weder praktisch noch materiell noch mental. Dass so viele Menschen klagen, heißt aber nicht, dass ihre Lebensbedingungen nicht zu ändern wären.

Wie, werden Sie auf den nächsten Seiten lesen können. Es erwarten Sie jede Menge praktische Tipps, vielfach erprobt an der Front des Alltags. Vor allem werden Sie aber auch Hinweise auf wirkmächtige mentale Ursachen für den Verlust Ihrer Autonomie über Zeit und Raum erhalten. Manchmal reicht es nämlich schon, wenn man erkennt, was der psychologische Kern des Problems ist.

Es gilt also, Raum und Zeit zurückzuerobern. Damit wir über unser Leben wieder selbst entscheiden können.

Denn das bedeutet, wirklich frei zu sein.

DIE RÜCKEROBERUNG DES RAUMES

Weg mit dem Gerümpel!

TOTAL NORMALE
ZUSTÄNDE

Sie suchen jeden Morgen, kurz bevor Sie mit wehendem Mantel aus dem Haus stürmen wollen, Ihren Schlüsselbund? Sie finden Ihr Handy nur noch, wenn Sie es anwählen, um anschließend zu lauschen, unter welchem Papierstapel oder in welchem Klamottenberg das Telefonteil wohl vor sich hin fiept wie ein Junges, das seine Mutter sucht?

Sie benötigen abends einen Bagger, um sich den Weg zum Bett freizuschaufeln? Sie gehören zu den rekordverdächtig oft angemahnten Zahlungssäumigen, weil sich vor allem Rechnungen in dem Chaos auf Ihrem Schreibtisch in Zeit und Raum auflösen (»Das ist der Beweis: Es gibt schwarze Löcher! Und zwar direkt vor mir.«)?

Ihre Kinder fragen Sie hin und wieder, wo und wann zuletzt der Hamsterkäfig gesehen wurde und ob Hamster auch ohne Luft leben können, weil es im Kinderzimmer unter all dem Spielzeug seit ein paar Tagen so verdächtig riecht? Und in der Küche öffnen Sie Ihre Hängeschränke nur noch mit Sturzhelm, weil die von Oma geerbten Eisentöpfe aus dieser Fallhöhe nun mal hässliche Narben auf der Stirn hinterlassen?

Sie gehören zu den Menschen, die das Tarifchaos der Telefonanbieter weniger als Chance begreifen, Geld zu sparen, denn als Beweis für Ihre genetisch bedingte Unfähigkeit, eine Gleichung mit 25 Unbekannten zu lösen? Und Sie schaffen es auch nicht ein einziges Mal, sich den wöchentlich unter Tränen vorgetragenen Bitten Ihrer Nachbarin um irgendeinen Freundschaftsdienst zu entziehen?

Dann gehören Sie zu den ganz normalen Menschen.

Total normale Gefühle   Umfragen zufolge zählen Sie statistisch nämlich zu jener Mehrheit der Menschen, die sich von ihren Lebensumständen überfordert fühlen. Die Beruf und Haushalt, die Hund und Kind und Kegel nicht mehr wirklich kontrollieren, die den Überblick verloren haben. Die der Unordnung, des Chaos' nicht mehr Herr werden. Die das latente Gefühl haben, von all den Dingen, die aus Schränken oder als Stolperfallen unter Betten hervorquellen, von all den Papierbergen auf ihrem Schreibtisch, von all den beruflichen und privaten Ansprüchen an ihre Person erdrückt zu werden. Langsam, aber sicher. Subtil, aber mit spürbarer Wirkung.

Nietzsche hatte Recht ...   Und die vor allem das Gefühl haben, wegen der unübersichtlichen Zustände auch beruflich die Orientierung zu verlieren, sich nicht mehr auf das Wesentliche konzentrieren zu können. Weil sie nicht nur beruflich das Gefühl haben, ständig hinter irgendetwas her zu hecheln, sondern auch zu Hause: hinter Ordnung, Sauberkeit, Überblick, Struktur – anstatt effektiv ihren Job zu erledigen, zu Hause zu regenerieren, zu entspannen oder mit den Kindern zu spielen, und nicht zuletzt berufliche Zielvorstellungen und Perspektiven in Ruhe zu durchdenken.

Die einen verfallen ob der Zustände der großen Weltunordnung phasenweise in die große Weltdepression (»Nietzsche hatte recht: Gott ist tot. Wenn es einen Gott gäbe, würde er hier mal richtig aufräumen!«). Die anderen tragen es mit der resignativen Gelassenheit der Einsicht in große Niederlagen (»Was war schon Stalingrad gegen meinen Schreibtisch?«).

Die einen öffnen aus Scham und Panik die Tür nicht mehr, wenn jemand unangemeldet klingelt. Die anderen weisen Besucher vorsichtshalber darauf hin, dass das Betreten der Wohnung, versicherungstechnisch gesehen, auf eigene Gefahr und Rechnung erfolgt.

Chaos regiert die Welt Und beide, die Depressiven wie die Resignativen, verfallen in ungläubiges Staunen, wenn sie irgendwo zu Besuch sind und einen besonders aufgeräumten, geordneten und sauberen Kosmos vorfinden. Eine Antwort auf die im Stillen gestellte, verzweifelte Frage »Wie machen die das nur?«, erhält man in der Regel, wenn man (»Ich muss mal eure Toilette aufsuchen …«) heimlich einen der Schränke im Flur oder die Tür zur Abstellkammer oder einfach nur eine Schublade öffnet: In den meisten Fällen blickt man hier in die gleichen Abgründe wie Zuhause.

Chaos regiert die Welt!

Ich kauf mir was … Das hat Gründe. Das westliche Wirtschaftssystem basiert nämlich nicht auf protestantischer Entsagung. Es basiert auf Konsum. Und zwar von Dingen, die man braucht. Und vor allem von Dingen, die man überhaupt nicht braucht. Also wird entwickelt, produziert und verkauft. Für Wachstum, Bruttosozialprodukt und Mehrwert. Irgendwann hat jedoch fast jeder fast alles, was er braucht. Oder auch nicht braucht. Damit die Welt nun nicht stehen bleibt, sondern sich weiter dreht, erfindet und produziert die Wirtschaft immer mehr, damit wir alle immer wieder gute Gründe haben, noch mehr zu kaufen.

… Kaufen macht so viel Spaß Gekauft wird gerne, was die Welt noch nicht gesehen hat und die Kultur gewaltig nach vorne katapultiert, z. B. »Eierschalensollbruchstellenverursacher«. Gekauft wird auch, was es zwar schon gibt, was jetzt aber noch viel mehr kann als alle Konkurrenz- und Vorgängermodelle (»Wahnsinn, ich kann mit meinem Fernseher jetzt auch Brot toasten!«).

Und so wird die Welt immer voller und die Dinge in ihr immer komplizierter: Die Gebrauchsanweisung eines mobilen Telefons besitzt mittlerweile die Ausmaße eines Handbuches für Langstreckenflugzeuge. Weil Handys heute bis auf Wäsche wa-

12

schen so ziemlich alles können müssen, was die wenigsten Menschen wirklich brauchen. Und mit diesem Fahrrad, diesem ultraleichten Mountainbike mit gefühlten 89 Gängen, könnte man problemlos in Rekordzeit das Timmelsjoch hochstürmen. *Könnte man,* wenn man damit eigentlich nicht immer nur bis zum nächsten Zigarettenautomaten fahren wollte.

Wir leiden an Verstopfung　Die Folge von all dem ist, dass sich mit den Jahren all die Dinge, die wir einst für unverzichtbar hielten, ansammeln. Und unser Leben verstopfen. Je nach Mentalität und monetärer Möglichkeit besitzt ein Mensch der westlichen Hemisphäre zwischen 5000 und 10000 Dinge. Große und kleine. Und diese Dinge stehen und liegen immer irgendwo rum. Die meisten stören eigentlich nur. Und sind zudem überflüssig, reine Staubfänger. Oder kaputt.

Viele Dinge werden uns auch ins Haus getragen, ohne dass wir jemals darum gebeten hätten: Geschenke (»Schau mal, was uns Tante Erika mitgebracht hat: Einen Aztekenofen! Für den Balkon.«), Werbematerial (»Sensationspreise! Planierraupen nur diese Woche noch im Angebot!«) oder Erbstücke (»Opa hat uns sein bestes Stück vermacht: den kaputten Volksempfänger, von 1938!«).

Dinge rauben Autonomie　All diese Dinge saugen wie Vampire unsere Energie. Um an irgendetwas heranzukommen, muss in der Regel stapelweise, schweißtreibend und zeitraubend irgendetwas Anderes zur Seite geräumt werden.

Einfaches Staubsaugen oder Wischen gleicht einer wilden Slalomfahrt um Zeitungsstapel, Bierkästen, Handtaschen und Motorradhelme. Weil all diese Dinge keinen Platz finden. Weil es keinen Platz mehr gibt. Weil jeder verfügbare Raum, jede verfügbare Fläche bereits belegt ist. Mit irgendetwas Anderem. Wir sind nicht mehr Herr über die Dinge. Die Dinge bestimmen über uns. Wir verlieren das Selbstbestimmungsrecht.

Die Dinge dominieren uns! Nicht mehr wir bestimmen das Ordnungsprinzip unseres Lebens, es sind die **Dinge**. Die **Dinge** sagen uns, was wir zu tun und zu lassen haben. **Sie** sagen: »Nein, hier kannst du keine Vase mehr deponieren. Wo auch immer du sie unterbringen willst: Hier nicht! Hier ist alles voll.« Die **Dinge** sagen: »Nein, diese Rechnung wirst du jetzt nicht noch eben per Computer überweisen. Die Rechnung gehört uns. Sie ist ein Teil irgendeines Papierstapels auf deinem Schreibtisch. Sie ist ein Teil von uns. Die geben wir nicht her. Jedenfalls nicht kampflos!«

Wir haben unsere Autonomie an die **Dinge** abgegeben. **Sie** rauben uns die Entscheidungsfreiheit, auf die wir sonst so viel Wert legen. Das sollte mal Ihre Frau wagen! Oder Ihr Mann! Ihnen die Entscheidungsfreiheit rauben. Da würden sich aber Anwälte freuen! Ihre Frau darf das nämlich nicht. Ihr Mann auch nicht. Aber die **Dinge**, die dürfen das.

Chaos ist Karrieregift Chaos und Unordnung hängen zudem wie Blei an den Füßen, wenn Sie in die lichten Höhen der oberen Karriereleiter vorzustoßen gedenken. Wie wollen Sie da oben ankommen, wenn Sie hier unten im Büro noch kniehoch in Unterlagen stehen. Da oben braucht man Überblick. Mit Chaos im Kopf sieht man aber nichts. Da oben muss man auch geistig beweglich sein, muss tänzeln können wie ein Boxer. Mit vollgestopften Ordnern an den Hacken kann man nicht tänzeln.

Wie wollen Sie die Unternehmensleitung von Ihren Qualitäten überzeugen, wenn Sie zur Vorlage eines aktuellen Vorganges einen halben Arbeitstag brauchen (»Tschuldigung, die Unterlagen waren in dem Stapel hinter der Tür. Ganz unten.

Chaos macht krank Chaos macht Sie langsam, weil Sie im Chaos den Überblick verlieren, weil Chaos Ihnen das Gefühl vermittelt, nicht mehr Herr des Verfahrens zu sein. Chaos bremst Sie aus, macht Druck und Stress. Und Stress macht krank.

Manche Mitarbeiter halten das irgendwann nicht mehr aus und verlassen folgerichtig ihr Unternehmen auf Nimmerwiedersehen (»Müller hat sich gestern übrigens auch verabschiedet. Schlaganfall!«).

Dinge rauben Perspektiven All das Chaos in Ihrem Büro, all die Dinge in Ihrem Haus versperren irgendwann auch den Blick für Neues. Wo alles festgefahren und vollgestopft ist, wie soll da Neues entstehen? Wie soll man sich in einer Gerümpelhalde, die Ihr Zuhause sein sollte, vom Job regenerieren? Wie wollen Sie Zuhause neue Ideen entwickeln, einen neuen Lebensentwurf, eine neue Berufsperspektive, wo alles um Sie herum nur von altem Ramsch bestimmt wird? Da bleibt man besser gleich am Tresen stehen und bestellt noch ein Bier.

Dinge stehlen Zeit Und all die Dinge rauben Ihr wichtigstes Gut: Zeit! Sie klagen darüber, keine Zeit zu haben für all die Angelegenheiten, die Ihnen wirklich wichtig sind? Holen Sie sich die Zeit bei den Dingen! Zum Beispiel: Sie träumen schon seit Jahren davon, mal einen ausgeprägten Kulturausflug nach – sagen wir – Cadolzburg zu unternehmen? Und Sie finden einfach nicht die Zeit? Die eine Woche?

Dann rechnen Sie mal aus, wie viel Zeit am Tag und folglich im Jahr Sie mit Suchen verbringen. Zum Beispiel nach Ihrem Hausschlüssel, nach Ihrem Handy, nach der Hundeleine und der Sonnenbrille. Weil Sie diesen Dingen partout keinen festen Platz zuordnen, an denen man sie nicht sucht, sondern findet.

Gut, dafür haben Sie die Zeit jetzt nicht. Also hier für Sie die Rechnung: Wenn Sie im Schnitt allein für das Suchen der Dinge des alltäglichen Gebrauchs pro Tag knapp sechs Minuten benötigen (und das ist konservativ geschätzt!), verbringen Sie im Jahr allein dafür 35 Stunden! Da haben Sie Ihre Woche Kultururlaub in Cadolzburg! Eine satte 35-Stunden-Woche. Dafür rufen Gewerkschaften die Revolution aus!

VOM WESEN DER
DINGE

Eine verrümpelte Wohnung ist in der Regel das Ergebnis trivialer Unkenntnis. Ihre Bewohner haben nämlich oftmals überhaupt keine Vorstellung mehr vom ganz banalen Wesen und von der Bedeutung der Dinge, mit denen sie sich umgeben. Ein klares Bewusstsein für die Natur all der Gegenstände zu haben, mit denen man seinen Lebensraum teilt, ist jedoch eine psychologische Grundvoraussetzung für eine befreiende Entrümpelungsaktion. Denn Entrümpeln sollte ein bewusster Akt der Selbstbefreiung sein, eine Zurückeroberung der Herrschaft über die Dinge.

Nur, wer sich über die Funktion, den Wert bzw. die Wertlosigkeit der Dinge im Klaren ist, nur, wer weiß, was einen Gegenstand wertvoll macht und ab wann ein Gegenstand Gerümpel ist (und deshalb in die Tonne gehört), kann eine bewusste und begründete Entscheidung treffen, sich von Dingen zu trennen – oder sie gar nicht erst ins Haus zu lassen. Deshalb an dieser Stelle eine kleine Typologie der Dinge mit einer Einschätzung ihres Verrümpelungspotentials (niedrigste Stufe: **0**, höchste Stufe: **+++**):

Dinge, die man braucht und die funktionieren   Über diese Kategorie der Gebrauchsgegenstände gibt es nur Gutes zu sagen. Man braucht einfach einen Fernseher, ein Telefon, einen Computer, eine Küchenmaschine, Tassen, Mäntel und Schuhe, um den Alltag zu bewältigen. Einzige Voraussetzung: Sie müssen einwandfrei funktionieren.

Bewertung Die Elite der Dinge – sie werden alltäglich benötigt und sie tun dabei das, was man von ihnen erwartet: sie funktionieren. Wahnsinn! Diese Königsklasse der Dinge ist unantastbar und verdient Ihre höchste Wertschätzung – und Pflege.

Verrümpelungspotential 0

Dinge, die man nicht braucht
Eine ganz üble Kategorie von Dingen. Bekommt man oftmals geschenkt (s. u.). Wird oft aber auch im Zustand geistiger Umnachtung und brisanter Bewusstseinstrübung selbst gekauft. Dazu zählen solch neckische Errungenschaften wie Tischkamine, Eierschalensollbruchstellenerzeuger, Knoblauchschäler oder Schabernack, wie orgiastisch stöhnende Bierflaschenöffner.

Bewertung Die Kellerkinder im Kosmos der Dinge. Sie sind überflüssig, funktionieren in der Regel nicht, sind oftmals billigster Schrott und ein etwaiger Gag verflüchtigt sich binnen Sekunden. Verstopfen Stauräume und dienen nur einem einzigen Zweck: Sie machen die Taschen der Produzenten voll – mit Euros.

Verrümpelungspotential +++

Dinge fürs Herz
Eine Kategorie von Dingen, die eigentlich keine praktische Funktion erfüllen, abgesehen davon, dass sie die Seele streicheln und dass man sich gerne mit ihnen umgibt. Das kann Kunst sein, ein Bild, eine Skulptur, das kann eine Muschel vom letzten Strandurlaub oder ein Souvenir sein, zum Beispiel eine Elefantenfigur vom letzten Afrikaurlaub. Das kann aber auch Nippes vom Flohmarkt sein.

Bewertung Prinzipiell eine Gruppe von Dingen, gegen die nichts einzuwenden ist, wenn man es mit all den Figürchen und Püppchen und Müschelchen nicht übertreibt. Man übertreibt es allerdings in der Regel.

Verrümpelungspotential ++

Dinge mit Erinnerungswert   Eine Gruppe von Dingen, die in der Regel keine praktische Funktion (mehr) erfüllen. Kann sich mit der Gruppe der Dinge überschneiden, die fürs Herz sind. Zur Kategorie der Dinge mit Erinnerungswert gehören zum Beispiel Kleidungsstücke, von denen man sich nicht trennen kann, weil man sie zu besonders erfreulichen Anlässen trug (erstes Rendezvous, letzte Scheidung etc.). Dazu zählen aber auch Erinnerungen an die Kindheit (der zerzauste Teddybär) oder Erbstücke (Opas Volksempfänger).

Bewertung   Prinzipiell eine Gruppe von Dingen, gegen die nichts einzuwenden ist, wenn man sich wirklich noch erinnert. Für rührselige Zeitgenossen jedoch eine Gruppe von Dingen mit hohem Verrümpelungsrisiko, weil alles irgendwie an irgendetwas erinnert.

Verrümpelungspotential   + bis ++

Dinge, die man sammelt   Ob Modellautos, Traktoren oder Särge – man kann alles sammeln. Das Verrümpelungspotential der Sammelgegenstände hängt allein vom Charakterprofil des Sammlers ab. Ordentliche Sammler mit Maß stellen kein Problem dar. Sie wissen, was sie tun und sind glücklich. Je nach Sammelleidenschaft braucht man halt irgendwann eine Scheune oder muss anbauen. Wer jedoch wahllos oder zwanghaft sammelt und heftig darunter leidet, dass Vermieter und der sozialpsychologische Dienst das Leben auf einer Müllkippe nun mal nicht dulden, hat ein Problem. Solche Menschen nennt man Messies und die Lösung für ihr Problem wird man nicht in diesem Buch finden, sondern im Branchenverzeichnis, unter P wie Psychologe.

Bewertung   Jedes Ding kann zum Gegenstand von Sammlerwut unterschiedlichster Ausprägung werden. Bei unkontrollierter Sammelwut besteht natürlich extreme Verrümpelungsgefahr. Doch krankhafte Sammelwut sollte Gegenstand einer professionellen Behandlung sein.

Verrümpelungspotential   ++ bis +++

18

Dinge, die man geschenkt bekommt   Geschenke und Erbstücke, das sind die Dinge mit der größten Heimtücke. Ihnen wohnt nämlich ein natürlicher Entrümpelungswiderstand inne. Ob man sie schön findet oder nicht, ob man sie gebrauchen kann oder nicht, sie bringen in uns eine Saite zum Schwingen, die bei jedem Versuch, sie (heimlich) zu entsorgen, laut aufjault. Es ist, als würde man den (gar nicht anwesenden) Schenker oder (gar nicht mehr lebenden) Erblasser persönlich beleidigen, was man aus Anstand natürlich nicht tut.

Bewertung   Sehr problematische Gruppe der Dinge. Geschenke zu entrümpeln bedeutet, erhebliche psychische Blockaden und Hemmschwellen zu überwinden. Nur wenige schaffen das.

Verrümpelungspotential   ++

19

VOM WESEN
DES GERÜMPELS

Was macht nun aus einem zunächst unschuldigen Ding Gerümpel? Wann kippt der Charakter eines Gegenstandes vom hilfreichen Utensil zum überflüssigen Plunder? Wohnungen und Häuser verrümpeln nicht selten aus dem einfachen Grund, dass all das Gerümpel als solches gar nicht mehr wahrgenommen wird.

Man sieht in den Skiern aus den frühen Siebzigern, die beim Betreten des Kellers jedes Mal fast zum Beinbruch führen, nicht das, was sie sind, nämlich bestenfalls Brennholz. Was man sieht, sind diese ultraschicken Hingucker, das Beste, was es damals für verwegene Abfahrtsfahrer gab, was damals zudem auch sehr teuer war und mit dem man all die anderen Pistensäue pulverisieren wollte.

Dinge ändern ihren Charakter   Damals! Heute würde man sich mit diesen Antiquitäten und den mittlerweile porösen Skistiefeln zum Gelächter des gesamten Skigebietes machen – und überhaupt: der letzte Skiurlaub ist zwanzig Jahre her, und dabei wird's auch bleiben – schon alleine wegen der Schmerzen im Knie … Man sieht also in all den Dingen, die die Wohn- und Arbeitsräume verstopfen, **nicht das Gerümpel**, das es ist. Man sieht **Erinnerungen**, man sieht den **Preis**, den man mal dafür bezahlt hat, das **Statussymbol**, das es mal dargestellt hat, den **Spaß**, den man vor zwanzig Jahren mal damit hatte – man sieht alles, **nur nicht Gerümpel**. So banal es ist, Gerümpel muss man erst einmal als solches erkennen, um es entsorgen zu können. Deshalb an dieser Stelle eine kleine **Typologie des Gerümpels**.

Dinge, die man nicht (mehr) braucht   Dinge verlieren bisweilen ihre Funktion, sie werden überflüssig. Ein gutes Beispiel sind Sportgeräte: Wie viele »Stepper« und »Hometrainer« mögen wohl in Wohnräumen oder Fluren stehen und als stumme und sperrige Zeugen von einer einstmals bewegten Zeit künden. Sicher, Sie haben auf all diesen Geräten Tausende Liter Schweiß verloren. Bis Sie dann irgendwann festgestellt haben, dass alleine zu Hause Fahrradfahren oder auf der Stelle Treppe steigen irgendwie doch doof ist. Inzwischen sind Sie Kunde im Fitnesscenter und betreiben Ihren Sport in der Gruppe. Vielleicht sind Sie auch zur Couchpotato degeneriert. Egal wie, seither stehen diese Fitnessgeräte als stille Ankläger irgendwo rum und nehmen Platz weg. Das gleiche gilt für Fotolabore, mit denen man das letzte Mal vor 20 Jahren SW-Fotos von den Kindern entwickelt hat. Alles hinfällig, seitdem man seine Erinnerungen pixelt und im Computer speichert. Und so weiter und so fort. All das ist Gerümpel! Verkaufen, verschenken, wegschmeißen!

Dinge, die kaputt sind   … sind Schrott! Ein Radiowecker, der nur noch extraterrestrisches Getöse über Ihre Kopfkissen bläst, ist ein Fall für die Sonderentsorgung. Stattdessen liegt er schon seit Monaten im Bücherregal. Neben dem Walkman von anno dazumal, und dem MP3Player, der, seitdem Sie Ihre Musik über Ihr Smartphone verwalten, auch ins Technikmuseum gehört – oder in die Tonne.

Auch die im Gästezimmer geparkte kaputte Röhren-Flimmerkiste ist ein Fall für die städtische Sondermüllentsorgung. Denn erstens haben Sie sich nicht umsonst schon längst einen neuen Flatscreen gekauft und zweitens, nein, Ihre Kinder in der Studenten-WG werden das alte Teil eben nicht reparieren lassen, weil das viel zu teuer ist. Die haben sich längst einen Fernseher über ganz andere Kanäle besorgt – und zwar umsonst.

Auch der alte Korkenzieher, der nur noch jede fünfte Flasche ohne Korkenbruch öffnet, ist offenkundig defekt. Warum auch immer Sie sich nicht davon trennen können, ein solches Teil gehört nicht in die Schublade, sondern in den Müll.

Grundsätzlich gilt: Die Einstellung, man könne kaputte Teile ja vielleicht noch einmal reparieren und irgendwann wieder zum Einsatz bringen, macht aus Müll Gerümpel, der Ihre Wohnung, Ihr Haus, Ihr Leben verstopft.

Dinge, die leer sind Die Bandbreite reicht von leeren oder – noch besser – mit abgebrannten Streichhölzern gefüllten Streichholzdöschen, die Ihre Schubladen verstopfen, über leere Parfüm-Flakons, die im Bad Ihre Ablagen zustellen, bis hin zu leeren Whiskyflaschen, die im Schnapsregal hochprozentigen Platz rauben. Egal, wie hübsch der Flakon auch sein mag, und egal, wie rar und außergewöhnlich der Single Highland Malt auch gewesen sein mag, bei den leeren Flaschen handelt es sich um Leergut für den Glascontainer. Und auch die leeren und sorgsam gespülten Joghurtbecher, in denen man – voraussichtlich in fünf Jahren – den Lack für die Fensterrahmen anrühren oder im nächsten Frühjahr die Krokus-Zwiebeln anziehen möchte, sind allein Fall für den Recyclingcontainer »Leichtverpackungen«. Zur Beruhigung: Es wird auch im nächsten Frühjahr und vermutlich auch in fünf Jahren noch Joghurt geben, dessen Becher Sie dann nach Verzehr des Inhalts direkt seiner neuen Funktion zuführen können.

Dinge, die Ihnen nicht gehören Ihre Kinder sind aus dem Haus? Logieren schon lange in der eigenen Studentenbude oder haben gar geheiratet und mit ihrem Ehepartner ein eigenes Haus bezogen? Ja, dann sollen sie doch bitte auch ihre Klamotten abholen. Die Umzugskisten mit den Büchern, das Jugendbett und die alte Spielekiste im Keller.

Um es klar zu sagen: Das ist jetzt der Plunder Ihrer Kinder! Nicht mehr der Ihre. Ihre Kinder müssen entscheiden, was sie aus dem alten Jugendzimmer noch behalten wollen und was nicht. Und es ist die Aufgabe Ihrer Kinder, zu entsorgen, was sie nicht mehr haben wollen. Sie hingegen haben jetzt ein oder zwei Räume mehr zur Verfügung. Allerdings nicht als Abstellkammer für Gerümpel. Machen Sie ein Arbeits- oder ein Gästezimmer draus oder einen Wirtschaftsraum.

Und Ihr Ex-Mann? Ist schon lange bei seiner Neuen untergekrochen? Dann sollte er mal langsam all seine Habseligkeiten abholen. Und den Hobbykeller sollte er auch schleunigst ausräumen. Weil das sonst nämlich alles durch ein Entrümpelungsunternehmen auf seine Kosten entsorgt wird!

Und Ihre Freunde oder Nachbarn, die »vorübergehend« ihre Gartenmöbel untergestellt haben, könnten nach nunmehr vier Jahren auch mal einen LKW bestellen und sich ihren eigenen Keller mit den Rattan-Teilen zustellen, weil das neue Haus Ihrer Freunde nämlich gar keinen Garten mehr hat.

Dinge, die Ihnen nicht gehören, mögen für die, denen sie gehören, einen wie auch immer gearteten Wert darstellen – für Sie sind sie Gerümpel! Raus damit!

Dinge, die Ihnen nichts mehr bedeuten Diese Kategorie des Gerümpels ist besonders brisant, denn wir reden nunmehr über all die Dinge, die eigentlich emotional aufgeladen sind, in die man Erinnerungen projiziert und anrührende Empfindungen. Das Urlaubs-Souvenir, der Fotorahmen mit dem Bild des vor 20 Jahren verstorbenen Cockers, das Nippes-Figürchen vom Flohmarkt in Paris, das selbst gebastelte Muschelkästchen der Tochter aus Kindergartenzeiten – mit all diesen Dingen verbinden ihre Besitzer eigentlich irgendein Gefühl. Eigentlich!

In dem Moment, in dem man diesen Dingen gegenüber jedoch nichts mehr empfindet, werden sie zu Gerümpel. Und die meisten dieser Dinge stehen nach einiger Zeit einfach nur noch aus Gewohnheit herum. Fragen Sie sich bei jedem solcher Teile, wann Sie eigentlich wirklich das letzte Mal von ihnen angerührt waren. Wirklich angerührt. Seien Sie ehrlich zu sich selbst. Sie werden erstaunt sein, aber die meisten dieser Dinge lassen Sie mittlerweile ziemlich kalt. Also ab auf den Sperrmüll.

DIE DREI MANTRAS
DES ENTRÜMPELNS

Es folgen nunmehr die drei Mantras des Entrümpelns. Es sind die heiligen Grundregeln, die in Stein gemeißelten Gesetze der Befreiung von den überflüssigen Dingen. Mit diesen drei Mantras werden Sie fortan jedes Ding in Ihrem Haushalt konfrontieren. Ob die Dinge eine Existenzberechtigung erhalten oder bereits in den Status des Gerümpels gewechselt sind und infolgedessen ihre Daseinsberechtigung verwirkt haben, werden Sie mit Hilfe der drei Mantras ganz einfach klären können.

24

Das erste Gerümpel-Mantra:
Was kaputt ist, gehört auf den Sperrmüll!

Das einfachste der drei Mantras: Zu entscheiden, ob etwas funktioniert oder nicht, dürfte niemanden vor größere Probleme stellen. Manche Dinge sind zu einem vertretbaren Preis zu reparieren (allerdings nur in den selteneren Fällen). Und wenn sie zu reparieren sind, dann sofort! Allein die Ankündigung einer Reparatur reicht nicht.

Sind sie nicht reparabel, dann seien Sie gnadenlos mit sich selbst und den kaputten Dingen. Defekte Dinge gehören auf den Müll. Punkt! Und keine Diskussion!

Das zweite Gerümpel-Mantra:
Was Sie nicht brauchen, wird verkauft,
verschenkt oder weggeschmissen!

Ein schon etwas anspruchsvolleres Mantra, denn der Gebrauchswert eines Dings ist auslegungsfähig und öffnet Möglichkeiten des Selbstbetrugs. Doch eine einfache Frage schafft in dieser Angelegenheit Klärung: **Alles, was Sie im letzten Jahr nicht gebraucht oder angewendet haben, ist für Sie definitiv Gerümpel! Und sollte verkauft oder verschenkt werden oder es sollte den Weg alles Irdischen gehen.**

Bei Dingen mit ideellem Wert, die keinen Gebrauchsnutzen haben, gilt: Hat der betreffende Gegenstand Sie innerhalb des letzten halben Jahres noch emotional angerührt oder hat er sie kalt gelassen? Wenn er Sie kalt gelassen hat, ist es Gerümpel. Sie werden sich nach seiner Entsorgung befreit fühlen! Garantiert!

Zudem gilt: Was Sie verkaufen oder verschenken wollen, wird im Keller oder in der Garage zwischengelagert. **Und wenn es sich nicht innerhalb eines halben Jahres verschenken oder verkaufen ließ, wandert es auf den Sperrmüll. Definitiv!**

26

Das dritte Gerümpel-Mantra:
Was Sie nur ein- oder zweimal im Jahr brauchen, gehört in den Keller!

Das wohl sympathischste Mantra für all diejenigen, denen die Entsorgung von Dingen Schmerzen bereitet. Denn das dritte Mantra dient nicht der Entsorgung von Dingen, sondern dem Schaffen von Freiräumen durch sinnvolles Auslagern. Ein Hochdruckreiniger, der nur zwei Mal im Jahr zum Einsatz auf der Terrasse kommt, sollte in der Abstellkammer keinen wertvollen Platz rauben. Der gehört in die Garage oder in den Keller. Die muss man natürlich vorher kräftig entrümpelt haben! Führt kein Weg dran vorbei!

Mit diesen drei Mantras können Sie jeden Ihrer Räume zuverlässig entrümpeln. Erfolgreich werden Sie jedoch allein dann sein, wenn Sie alle drei Mantras mit eiserner Härte und Rücksichtslosigkeit gegen sich selbst und gegen Ihren Impuls, vielleicht doch lieber alles erst mal zu behalten, konsequent befolgen. Zur Orientierung und als Hilfestellung werden wir im Folgenden jeden einzelnen Raum beispielhaft entrümpeln.

Zuvor jedoch sollten Sie sich schon einmal auf die beiden wichtigsten Mantras für die Zeit nach der General-Entrümpelung einlassen, für die Zeit, in der die hergestellte Ordnung bewahrt werden will.

DIE BEIDEN MANTRAS DER ORDNUNG UND DAS PRINZIP DER FUNKTIONSINSELN

Nach dem Entrümpeln bricht das Zeitalter der Ordnung an. Denn Entrümpeln ohne einen Neustart in der Einstellung zum Thema Ordnung wird keine nachhaltige Wirkung entfalten. Wir reden jedoch nicht von einer Ordnung um der Ordnung willen. Wir reden von einer Ordnung, die Ihnen Freiräume schafft, die das Leben erleichtert, die Ihr Leben übersichtlicher gestaltet und die hilft, Zeit zu sparen für wichtigere Tätigkeiten als Suchen.

Diese Ordnung herzustellen bzw. zu erhalten ist einfacher als man glaubt. Es sind lediglich zwei **Ordnungs-Mantras**, die man im Alltag beherzigen muss. Das aber mit eisenharter Konsequenz. Sonst werden Sie alsbald wieder im Chaos versinken.

Um die Dinge, vor allem diejenigen, die Sie nur selten benutzen, schnell finden zu können und um die beiden Ordnungs-Mantras effektiv befolgen zu können, sollten Sie nach der großen Entrümpelaktion die Dinge in jedem Raum zunächst nach einem wichtigen Einrichtungsprinzip verstauen:

Richten Sie Funktionsinseln ein! Funktionsinseln, egal in welchem Raum, helfen Ihnen, die Dinge einfacher zu finden. In der Küche sollten zum Beispiel Instrumente zum Rühren (Rührlöffel, Schneebesen etc.) oder Pfannenheber in einer bestimmten Schublade in der **Funktionsinsel** »Pfannen- und Topfutensilien« deponiert werden, und dort in der Schublade immer an der gleichen Stelle. Sie können bei Bedarf blind in diese Schublade greifen und werden dort finden – und nicht suchen.

Am Schreibtisch sollten Schreibutensilien und alles was mit Schreiben oder Zeichnen auf Papier zu tun hat (vom Lineal bis zum Radiergummi) in einer Schublade in der **Funktionsinsel** »Schreiben und Zeichnen« untergebracht werden. Ladekabel für Handys oder Radiogeräte und alle anderen Geräte, die regelmäßig aufgeladen werden müssen, ebenso wie Batterien oder Akkus sollten gemeinsam in der **Funktionsinsel** »Energie« an einer bestimmten Stelle verstaut werden.

Mit Hilfe dieser **Funktionsinseln** und den beiden folgenden **Ordnungs-Mantras** bekommt man selbst den komplexesten Haushalt und das unübersichtlichste Büro in den Griff. Was nicht zuletzt daran liegt, dass die beiden Mantras denkbar einfach sind, zugleich aber unglaublich effektiv.

Die beiden Ordnungs-Mantras Ordnung ist lediglich eine Frage der Übung, des Selbsttrainings und schließlich der Gewohnheit, über die man nicht mehr nachdenkt. Selbst größte Chaoten wurden mit Hilfe der beiden folgenden Mantras bereits zu überzeugten Ordnungs-Fans bekehrt.

Erstes Ordnungs-Mantra:
Jedes Ding hat seinen Platz!

Jedes Ding gehört an seinen Platz, und zwar ausnahmslos und immer. Wer seinen Schlüsselbund grundsätzlich beim Betreten des Hauses auf dem Schreibtisch (oder auf der Kommode oder am Schlüsselbrett oder wo auch immer) deponiert, wird ihn niemals mehr beim Verlassen des Hauses suchen müssen (siehe auch: *Die Startrampen des Alltags,* S. 84). Das gleiche gilt für Radiergummis, Kartoffelschäler oder – sehr beliebt – für Handys. Dulden Sie keine Ausnahme!

Zweites Ordnungs-Mantra:
Jedes Ding gehört an seinen Platz – immer!

Auch, wenn Sie die Schere zwei Stunden später sicher noch einmal brauchen werden, legen Sie sie bis dahin wieder dahin, wo sie hingehört. Auch, wenn Sie den Pfeffer nach der Vinaigrette sicher auch noch für den Schweinebraten brauchen, stellen Sie ihn nach jedem Gebrauch wieder dahin, wo er immer steht.

Und auch, wenn Sie gleich erneut mit dem Home-Handy oder Handy werden telefonieren müssen, legen Sie das Telefonteil nach einem Gespräch immer wieder an eine strategisch günstige Stelle. Als es nur Schnurtelefone gab, hatte dieses Kommunikationsgerät ja auch immer nur den einen Standort! Ordnen Sie Mobilteilen deshalb ebenso einen Standort zu. Man kann sich während des Telefonats ja frei mit dem Mobilteil wohin auch immer bewegen. Danach sollte es jedoch an seinen verabredeten Standort zurückgelegt werden. Vor allem dann, wenn mehrere Familienmitglieder ein Anrecht auf Benutzung haben. Nur so werden Sie nie mehr suchen müssen, sondern einfach nur noch finden.

Achtung! **Die Einstellung: »Da hab ich jetzt gerade keine Zeit zu, das kann ich gleich immer noch wegräumen«, funktioniert nicht!**
Sie werden es nämlich gleich **nicht** wegräumen. Es wird liegen bleiben. Gemeinsam mit all den anderen Dingen, die Sie »gleich noch wegräumen« wollen. Tun Sie sich selbst also einen großen Gefallen und machen Sie sich nichts vor.

Es gehört zu den einfachen aber todsicheren Gesetzen des Chaos: Wenn Sie alles, was Sie benutzen, dort stehen lassen, wo Sie es gerade benutzt haben, wird jede Stellfläche, wird jede Ablage und Arbeitsfläche mit all den benutzten Utensilien irgendwann komplett zugestellt und belegt sein. Zu finden, was man braucht, wird dann zum Lottospiel! Jede Tätigkeit erstickt im Chaos der Dinge! Und Chaos ist das, was Ihnen die Luft zum Atmen nimmt.

31

WIR RÜMPELN UNS FREI!

Mit dem Chaos ist es nun aber vorbei. Wir rümpeln uns frei! Schluss mit dem verrümpelten Büro, mit der verrümpelten Wohnung, dem verrümpelten Haus. Mit den drei **Gerümpel-Mantras** und den beiden **Ordnungs-Mantras** werden Sie fortan Ihr Leben neu organisieren.

Während des Entrümpelns sollten Sie jedes Ding eines betreffenden Raumes in die Hand nehmen und das entsprechende Mantra aufsagen. Sie können die Mantras auch singen oder wie ein tibetanischer Gebetsmönch vor sich hin murmeln.

Mantras murmeln – jeden Tag! Entscheidend ist allein, dass die **Mantras in Fleisch und Blut übergehen**. Und dass Sie während des Entrümpelns nicht mit sich selbst zu diskutieren beginnen, mit dem Ziel, die den Mantras innewohnende Kompromisslosigkeit aufzuweichen. Beim Entrümpeln gibt es keine Kompromisse! Beim anschließenden Erhalt der hergestellten Ordnung verhält es sich genauso. Murmeln Sie die Ordnungs-Mantras den ganzen Tag vor sich hin, bis sie in Fleisch und Blut übergegangen sind und Ihren täglichen Umgang mit den Dingen bestimmen. Sie können die beiden Ordnungs-Mantras auch ausdrucken und sich in jedem Raum an die Wand nageln. Entscheidend ist allein, dass sie allgegenwärtig sind.
Nun denn, jetzt gilt's: Wir beginnen mit der Küche, die in vielen Haushalten das Zentrum des familiären Miteinanders darstellt. Ein ganz wichtiger Raum, in dem Übersicht und Ordnung besonders wichtig sind – und in dem besonders häufig das helle Chaos ein grauenhaftes Regime führt.

32

DIE GERÜMPELKÜCHE –
EIN LATENTER KRISENHERD

Über manche Küchentür sollte man ein Ortseingangsschild montieren: und zwar das von Bagdad. Oder von Ramallah. Denn verstopfte Küchen sind latente Krisenherde. Komplett vermintes Gelände! Die schlimmsten Varianten dieser Gerümpelküchen sollte man ohne Verbandsmaterial und schnell wirksames Magen-Darm-Therapeutikum gar nicht erst betreten: Ein unbedachter Griff in die Schublade, wo »eigentlich gar keine Messer hingehören«, und man lernt schon kurze Zeit später einen netten Handchirurgen kennen; eine herzhafte Gabel Thunfisch aus der Dose von 1994 und man erfährt, wie befreiend eine Magenspülung sein kann.

Es gibt wohl kaum einen Raum, in dem – je nach Kochgewohnheiten – eine derartige Vielzahl von Dingen tagtäglich oder wöchentlich bewegt und benutzt wird. Küchen sind gigantische Umschlagplätze für große und kleine Utensilien. Und damit ist ihre Funktion durch Chaos und Verstopfung besonders schnell beeinträchtigt. Werden hier die Prinzipien der ersten beiden Gerümpel-Mantras (»**Was kaputt ist, gehört auf den Sperrmüll!**« »**Was Sie nicht brauchen, wird verkauft, verschenkt oder weggeschmissen!**«) und des ersten Ordnungs-Mantras (»**Jedes Ding hat seinen Platz!**«) nicht aufs Strengste eingehalten, kann man auch direkt ein Schild an die Klinke hängen: »Außer Betrieb! Bitte wenden Sie sich an die nächste Döner-Bude!«

Die Arbeitsplatte in der Gerümpelküche – eine zugepflasterte Stellfläche Gerümpelküchen sind sofort erkennbar: Und zwar an der Arbeitsplatte. Die ist als solche nämlich optisch nicht mehr verifizierbar. Weil sie komplett mit Dingen zugepflastert ist. Weil sie zur Deponie für Öl- und Weinflaschen, Salz- und Zuckerdosen, Brotkörbe, Marmeladengläser und Ketchupflaschen, für Küchenpapierrollen, benutzte Kaffeebecher, Teller und Töpfe, Thermoskannen, für eine bunte Palette von Vorratsdosen und Müslikartons verkommen ist. Frühstücks- oder Esstische erleiden in Gerümpelküchen das gleiche Schicksal. Hier gesellen sich nicht selten noch Werbeprospekte, Tageszeitungen und Kinderspielutensilien oder Schulhefte in das chaotische Kaleidoskop des Küchengerümpels.

In der Regel reicht in Gerümpelküchen ein einziger falscher Handgriff, um eine infernalische Kettenreaktion auf der Arbeitsplatte auszulösen: Erst wankt, dann fällt das Olivenöl, das Fläschchen Kaffeesahne mit sich reißend, das schließlich zwischen all den Dosen und Flaschen aufschlägt und den Inhalt zwischen die Flaschennachbarn ergießt. Bei dem Versuch, mit einer schnellen Auffangbewegung das Schlimmste zu verhindern, stößt man die Thermoskanne um, die hart auf die Kante der offenen Zuckerdose schlägt, woraufhin diese kippt und ihren Inhalt in Kaffee und Kaffeesahne entlässt. So wächst bereits auf der Arbeitsplatte zusammen, was eigentlich erst im Kaffeebecher zueinander finden sollte.

Die Küchenschränke in einer Gerümpelküche – Deponien für den Überfluss Warum all diese Utensilien auf der Arbeitsplatte stehen? Nicht weil sie rund um die Uhr minütlich gebraucht werden! Sondern weil in den Schränken, wo all diese Dinge hingehören, einfach kein Platz ist. Hier ist der gewachsene Überfluss der unnötigsten Küchenutensilien deponiert.

Exotische Gewürzdosen vom letzten Versuch, die Küche Nordkoreas nachzuempfinden (»Wann haben wir noch den 50. von Kommunisten-Kurt gefeiert? 1995?«),

34

haben sich raumgreifend im Vorratsschrank breit gemacht. Hier stehen sie gesellig neben Thunfischkonserven, die schon seit 15 Jahren abgelaufen sind. Eine gigantische Fritteuse, mit der vor 20 Jahren der letzte Kindergeburtstag bestritten wurde, ist im Hängeschrank rechts beheimatet. Und eine Paella-Pfanne, so groß wie ein Kreissägenblatt, fristet ihre restlos nutzlose Existenz im Hängeschrank links – nutzlos, weil das damals zwar ein lieb gemeintes Geschenk von Mutti war, aber außer Mutti nun mal kein Mensch in der Familie Paella mag.

Deshalb stehen all die anderen Dinge auf der Arbeitsplatte im Weg und verhindern, dass auf der Arbeitsplatte das getan wird, wozu sie eigentlich da ist: gearbeitet.

In Gerümpelküchen werden dementsprechend irgendwann dann auch nur noch sehr übersichtliche Tätigkeiten ausgeführt: Tüten und Dosen werden aufgerissen und die Mikrowelle in Wallung gebracht. Gekocht wird hier nicht mehr. Kein Platz!

Der große Gerümpelküchen-Befreiungsschlag

Eine vollgestopfte Küche zu entrümpeln und in einen geordneten Zustand zu überführen ist wegen der Vielzahl der Utensilien eine besonders anspruchsvolle Aufgabe. Aber dieser Kraftakt ist allen Schweiß wert, denn Sie werden sich anschließend unendlich erleichtert fühlen. Sie werden am folgenden Morgen beschwingt und leichtfüßig in Ihre »neue« Küche tänzeln, um die Kaffeemaschine anzuschmeißen. Und das Beste: Sie werden Kaffee und Kaffeefilter sofort finden!

Doch nehmen Sie sich für diese Aktion Zeit! Je nach Größe der Küche kann sie einen ganzen Tag locker in Anspruch nehmen. Vielleicht auch mehr. Eine Küche zu entrümpeln ist eine echte Herausforderung!

Also: auf geht's! Wir beginnen mit den Küchenschränken unter der Arbeitsfläche und den Hängeschränken.

Schritt eins: Ausräumen! Räumen Sie als erstes jeden einzelnen Küchenschrank und jede einzelne Schublade aus und legen Sie den Inhalt irgendwo im Haus oder in der Wohnung auf eine große freie Fläche (nicht in der Küche selbst, denn hier brauchen Sie Bewegungsfreiheit!) – am besten auf den Boden im Wohnraum. Legen Sie aus hygienischen Gründen den Boden zuvor mit Zeitungspapier oder großen Tischdecken aus. Räumen Sie auch noch einige Möbel zur Seite, denn Sie werden Platz benötigen. (Erfahrungsgemäß reichen nämlich die Tischflächen im Wohnraum bei weitem nicht aus.)

So erhalten Sie einen beeindruckenden Überblick darüber, wie viele Utensilien Sie in all den Stauräumen und auf all den Stellflächen untergebracht haben. Sie werden erstaunt sein, was sich da in den Tiefen des Raums alles wiederfindet (»Schatz, schau mal, wo ich die Fernbedienung für den Fernseher gefunden hab!«).

Ordnen Sie alle Dinge nach ihrer Funktion Stellen Sie also das komplette (Ess-)Geschirr (Teller, Tassen, Untertassen, Kaffeebecher, Tee- und Kaffeekannen, Suppentassen, Müslitöpfchen, Nachtischschalen, Obstschalen etc.) Gläser und Besteck zusammen an einen Ort.

Dann legen Sie alle Utensilien, die Sie zum Kochen an Herd und Ofen benötigen, gemeinsam nebeneinander (also Rührlöffel, Schneebesen, Kartoffelstampfer, Pfannenheber, Sparschäler, alle Messer, die Rührbesen und Knethaken vom Handmixer, die flotte Lotte, Reiben etc.). Direkt daneben platzieren Sie Töpfe, Pfannen, Kasserollen, Bräter, Woks, Dampfgarer etc.

Eine eigene Ecke erhalten auch alle technischen Geräte, also Toaster, Küchenmaschine, Fritteuse, Kaffeemaschine, Brotbackmaschine, das Raclettegerät und der Tischgrill, die Mikrowelle, der Joghurtbereiter, der Eierkocher und die elektrische Zitronenpresse etc. In diese Kategorie gehören auch Utensilien wie der »heiße Stein«, die Käse- oder Fleischfondue-Töpfe mit Rechaud etc.

Dann stellen Sie alle Gewürze zusammen, direkt daneben alle Konserven und Lebensmittel, wie Mehl, Zucker, Nudeln, Reis, Tee und Kaffee etc.

Und dann gehen Sie an diese Schublade, Sie wissen schon, an diese Schublade, in der alles, aber auch wirklich alles drin ist, in der man aber grundsätzlich nie was findet, jedenfalls nicht das, was man gerade sucht. Es ist die »Schublade des Grauens«. Kippen Sie sie komplett aus. Dem Inhalt widmen wir uns später.

Verzetteln Sie sich nicht an Kühlschrank und Küchenschränken! Abschließend werfen wir noch einen Blick auf die Türen der Küchenschränke und vor allem auf den Kühlschrank. Sind sie übersät mit Postkarten, Reinigungsbelegen, Einkaufszetteln, Fotos, komplettiert von womöglich steinalten Kinderkritzeleien (»Ist das nicht süß? Ist von Jonas. Da war er drei. Dass der mal Chefarzt werden würde, wer hätte das damals gedacht?«)?

37

So, jetzt müssen Sie ganz tapfer sein, aber: Weg mit den Kinderzeichnungen, den Postkarten und Einkaufszetteln an Kühlschranktür und Küchenschränken. Diese wilden Sammlungen sind Ausdruck einer restlos chaotischen Grundhaltung. Der Blick verzettelt sich angesichts der Klein- und Vielteiligkeit der Zettelwirtschaft. Man nimmt nichts mehr wirklich wahr. Diese Sammlungen sind keine Erinnerungsstütze und sie vermitteln auch keine Wohnlichkeit. Sie sind vor allem eins: optischer Ballast. Sein Leben übersichtlicher zu gestalten, ist ein Prinzip. Wer bereits an der Kühlschranktür das Prinzip bricht, bricht es auch woanders.

»Was soll ich? All die Postkarten wegschmeißen? Auch die Bilder von den Kindern? Das wird aber dann doch alles total unwohnlich! In meiner Küche will ich mich doch wohl fühlen!« Um Ihren empörten Einwand direkt zu entkräften: Übersichtlich und aufgeräumt heißt nicht ungemütlich. Wenn Sie Ihre Küche wieder einräumen, können Sie mit wenigen Gestaltungsideen auch in der Küche Wohnlichkeit herstellen. Stellen Sie eine Kerze auf den Esstisch, hängen sie ein gerahmtes Poster mit Obst und Gemüsen der Saison auf. Rahmen Sie zwei oder drei Kinderzeichnungen, die Ihnen wirklich etwas bedeuten, und hängen Sie sie an eine freie Wand. (So kommen sie überhaupt erst wirklich zur Geltung.) Und für Einkaufserinnerungen gibt es hübsche Tafeln, die man aufhängen kann etc.

Schritt zwei: Saubermachen! Wenn Sie Ihre Küche komplett ausgeräumt haben, alle Schränke und Oberflächen also komplett leer geräumt sind, heißt es Saubermachen. Eine Küche muss zwar keine sterile Kachelhalle sein. Aber eine behagliche Heimstätte für Pilz- und Keimkulturen sollte sie auch nicht sein. Das aber sind Gerümpelküchen in der Regel. Weil: Steht ja alles voll. Und was voll ist, kann man eben auch nicht sauber halten.

38

Übergehen Sie diesen Schritt der Entkeimung nicht Nichts ist schlimmer, als die einzelnen Bestandteile einer entrümpelten Küche wieder in die mit Fettrückständen, Brot- und Gewürzkrümeln verseuchten Schränke und Schubladen zurückzustellen. Auch die ausgeräumten Küchenutensilien unterziehen Sie bitte einer genauen Prüfung – unter manchem Handmixer beispielsweise finden sich Rückstände, an denen auch Archäologen ihre Freude hätten.

Unterschätzen Sie nicht den Arbeitsaufwand Kochrückstände sind ausgesprochen hartnäckig. Was in Form von öligen Dunstnebeln über so lange Zeit Gelegenheit hatte, sich auf den Hängeschränken, auf jeder freien Fläche und an den Wänden niederzulassen, gibt das besetzte Terrain nicht so schnell und schon gar nicht widerstandslos wieder her. Sie benötigen also schon scharfe Munition, um den klebrigen Schmierfilm zu besiegen: Mikrofasertücher haben sich bestens bewährt, aber auch Scheuerschwämme, stark fettlösende Reinigungs- und Scheuermittel sollten bereitstehen. Das gleiche gilt für das Innenleben Ihrer Schränke und Schubladen.

Wenn das alles geschehen ist, wenn alles ausgeräumt und alles sauber ist, wird sich Ihrer Seele bereits ein erhebendes Gefühl bemächtigen. Sie werden mit beschwingender Energie durchflutet, denn die optische Leichtigkeit des leeren Raums verleiht Flügel! Und dieses erste Hochgefühl werden Sie auch brauchen. Denn der nächste Schritt wird Sie mit aller Härte treffen.

Schritt drei: Ausmisten! Denn jetzt gilt's! Jetzt wird es ernst, jetzt geht es an den wichtigsten Schritt, ans Ausmisten. Jetzt heißt es, tapfer sein.

Wenden wir uns nunmehr also den im Wohnraum deponierten Küchenutensilien zu. Wenn Sie Schritt eins artig befolgt haben, sind alle Küchenutensilien nach Funktionseinheiten geordnet und zusammengestellt bzw. -gelegt. Beginnen Sie mit dem

39

Entrümpeln am besten bei den großen und kleinen technischen Geräten, gehen Sie dann zu den Kochutensilien über, dann zum (Ess-)Geschirr und schließlich zu den Gewürzen und Konserven bzw. bevorrateten Lebensmitteln wie Mehl, Zucker, Tee etc.

1. Befolgen Sie mit aller eisernen Strenge das erste Gerümpel-Mantra: Was kaputt ist, gehört auf den Sperrmüll! Das Kriterium des ersten Mantras ist allein die Funktionstüchtigkeit eines Gegenstands. Zu entscheiden, was kaputt ist, dürfte Sie eigentlich vor keine großen Probleme stellen. Ein Kaffeebecher, dessen Henkel abgebrochen ist, ist eindeutig kaputt. An einem solchen Kaffeebecher verbrennt man sich im Zweifel nur noch die Finger. Ein solcher Becher ist Müll und gehört in die Tonne.

»Oooch, der Kaffeebecher geht doch noch, außerdem hab ich den damals von Tante Martha geschenkt bekommen. Zur Konfirmation.«
Solcherlei Lamentos sollten Sie im Keim, also beim Entstehen in Ihrem Kopf, ersticken. Denn wer erstens schon um eine uralte, kaputte Kaffeetasse kämpft, hat das Prinzip der Entrümpelung, des Ballastabwerfens und des Neuanfangs nicht verstanden – und wird scheitern. Und zweitens ist Tante Martha seit 30 Jahren tot.

Wir haben den Becher – und mit ihm all die anderen henkellosen Tassen und all die Schalen und Teller, die einen Sprung haben, all die Küchenmesser, deren Griff gebrochen ist, all die kaputten Teesiebe, die defekten Dosenöffner ihrer eigentlichen Bestimmung im Container zugeführt und wenden uns der nächsten Problemzone zu – den technischen Geräten.

40

Sicher, ihr Kauf damals bedeutete für Ihre Küche den Technologiesprung ins 21. Jahrhundert, aber eine Zitronenpresse, die Ihnen wegen eines Wackelkontaktes nur noch an ausgesuchten Tagen die Gnade des frischen Saftes gewährt, gehört nicht mehr in den Küchenschrank, sondern auf den großen Elektrogerätefriedhof.

Den altersschwachen Handmixer, der nur noch auf Stufe zwei einsetzbar ist, weil er bei Stufe drei seltsam zu riechen beginnt und dunkle Rauchwölkchen aus den Belüftungsschlitzen entlässt, sollten Sie – auch mit Rücksicht auf Ihren Sicherungskasten – nicht mehr zum Sahneschlagen einsetzen, sondern fachgerecht entsorgen. (In der Regel lohnt sich eine Reparatur von solchen Kleingeräten nicht. Im Zweifel kann man sich aber natürlich von einer Fachkraft einen Kostenvoranschlag machen lassen.)

Die Einkaufsliste   Nehmen Sie jedes Utensil aus Ihrer Küche in die Hand und unterziehen Sie es einer genauen Prüfung. Wenn Sie ein kaputtes Teil aussortieren, notieren Sie seinen Neukauf auf einer Liste. Diese Liste ist aber kein Wunschkonzert! Ob man das betreffende Teil tatsächlich neu anschaffen muss, ist allein von der Antwort auf die Frage abhängig, ob man das betreffende Teil auch wirklich braucht.

2. Befolgen Sie nun mit aller eisernen Strenge das zweite Gerümpel-Mantra: Was Sie nicht brauchen, wird verkauft, verschenkt oder weggeschmissen!   Die Frage, ob wir ein betreffendes Utensil wirklich brauchen, stellen wir uns dem zweiten Mantra folgend nun bei allen Teilen, auch den intakten. Nur wenn diese Frage eindeutig mit »Ja« beantwortet wird, findet das betreffende Utensil den Weg zurück in die nunmehr saubere Küche.

In diesem Zusammenhang ist auch immer die Frage nach der Menge zu berücksichtigen. Natürlich brauchen Sie einen Pfannenheber. Sie brauchen für das Zuberei-

41

ten mehrerer Gänge, zumal wenn sich ein Teil der Pfannenheber in der Spülmaschine befindet, sogar drei oder vier. Aber brauchen Sie sechs? Gut, die letzten beiden Pfannenheber, das war ein Angebot, da konnte man nicht nein sagen. Aber dafür hätte man die beiden ältesten oder schäbigsten auch entsorgen können. Die benutzt man nämlich seither überhaupt nicht mehr. Also ab in die Tonne damit!

Und gehört zu den privilegierten Dingen, die in Ihre saubere Küche zurück dürfen, tatsächlich auch dieses Teil, mit dem man so bezaubernde Muster in die gekühlte Butter gravieren kann? Sehr hübsch eigentlich, war ein Geschenk vom Nachbarn, hat man aber noch nie benutzt, weil man Muster auf der Butter dann doch irgendwie affig fand – weg damit, schenken Sie es einer Kollegin oder einem Kollegen.

Der Monster-Wok? Das war damals, vor zehn Jahren, unheimlich in Mode: asiatisch kochen! Aber nach ein paar Monaten konnte keiner in der Familie Ente, Ingwer, geröstete Sesamkörner oder Sojasauce auch nur mehr riechen – hinfort mit dieser platzfressenden Ölwanne, bei ebay wird sich wohl irgendein Asia-Freak ihrer erbarmen.

Und dann die Schrotmühle und der Joghurtbereiter! Mensch, das waren tolle Zeiten damals, so echt alternativ, das Müsli war ja auch Weltanschauung. Hat aber letztendlich dann doch nicht überlebt, die Liebe zum frisch geschroteten Müsli im selbst gezogenen Jogurt mit Lebendkulturen – also beim nächsten Flohmarkt verkaufen, an Martin mit dem Norwegerpulli.

Tja und dann ist da noch das gute alte Service von KPM, das von Oma, mit dem schönen Apfelmuster. Das ist bestimmt was wert! Ja, bestimmt, aber eben nicht auf Ihrem Tisch, weil es zu Ihrem coolen Designergeschirr so überhaupt passt – ab damit ins nächste Versteigerungshaus für antike Kostbarkeiten. Von dem Erlös können Sie sich dann endlich Ersatz für die angeschlagenen Dessertteller Ihres Designergeschirrs kaufen.

Fazit: Alles, was Sie im Verlaufe des letzten Jahres nicht mindestens einmal gebraucht haben, benötigen Sie nicht. Es ist Gerümpel. Raus aus dem Haus damit!

3. Befolgen Sie nun mit aller eisernen Strenge das dritte Gerümpel-Mantra: Was Sie nur ein- oder zweimal im Jahr brauchen, gehört in den Keller! Manche Utensilien lassen sich mit den Kriterien der ersten zwei Mantras nicht messen: Sie sind weder defekt, noch wäre es so, dass man sie überhaupt nicht braucht. Doch solche Kochgeräte sind in der Regel Platzfresser, die in der Küche keinen Platz haben.

Ein Bräter oder ein großer Suppentopf, den man nur ein-, zwei- oder dreimal im Jahr braucht, wenn man seine Fußballmannschaft zum Eintopf einlädt, wird fortan eingetütet und damit staubfrei im Keller gelagert. Das gleiche gilt für technische Geräte wie Fritteusen, die man nur zwei-, dreimal im Jahr benötigt, wenn man für die Kinder ausnahmsweise mal ein paar Pommes machen möchte. Auch die Nudelmaschine ist alles andere als ein Kleinteil. Und gemessen daran, dass Sie nur alle halbe Jahre, nämlich wenn Gino zu Besuch kommt, Nudeln wirklich frisch durch die Maschine drehen, nimmt sie sehr viel Platz weg. Also packen Sie das teure Teil ein und bringen Sie es in den Keller.

Aber nicht nur selten benutzte Großteile wie Woks und Fritteusen verrümpeln Ihre Küche. Auch viele Kleinteile sind wahre Rümpelteufel. Ausstechformen für Weihnachtsplätzchen zum Beispiel werden an ca. 360 Tagen im Jahr nicht wirklich benötigt. 365 Tage im Jahr fallen einem aber Tannenbäume und Christsterne aus dem Schrank entgegen. Also: Ab damit in die Tüte und dann in den Karton mit dem Weihnachtsschmuck.

Das gleiche gilt für Fonduegabeln, wenn man nur an Heiligabend oder Sylvester um den heißen Topf hockt. Halten Sie die Gabeln mit einem Gummi zusammen und deponieren Sie sie gemeinsam mit Topf und Rechaud im Keller.

Küche ohne Chaos

So, das war sehr, sehr tapfer von Ihnen. Das Gerümpel ist entsorgt, die Küche und alle Utensilien sind gereinigt. Jetzt geht's ans Einräumen.

Doch Stopp!

Sie werden Ihre Küche jetzt nicht wieder so einräumen, wie es vorher war, sondern diesmal mit Verstand und Überlegung. Denn in einer unökonomisch eingerichteten und schlecht organisierten Küche werden Sie erstens kein Lob für Kochergebnisse verdienen, sondern allein Kilometergeld für völlig nutzlose Wege, zweitens werden Sie sich beim Kochen Knoten in die Arme rühren und drittens wird sie schneller wieder verrümpeln als Sie sich vom letzten Entrümpeln erholt haben. Also, ein paar Überlegungen sollten Sie beim Einräumen der Küche schon berücksichtigen.

Arbeits- und Abstellflächen Grundsätzlich gilt: Arbeitsflächen heißen nicht umsonst so! Um auf ihnen arbeiten zu können, müssen sie also frei bleiben. Nur wenige Utensilien oder Geräte haben auf der Arbeitsfläche einer Küche eine Daseinsberechtigung. Zu den Geräten gehören diejenigen, die (fast) täglich benötigt werden: Kaffeemaschine, Wasserkocher, Toaster, Küchenmaschine, Messerblock. Im Bereich des Spülbeckens eine Flasche Spülmittel. Und um die Herdplatte herum haben vielleicht noch eine Ölflasche, Pfeffer- und Salzmühlen oder -behälter eine Berechtigung, weil sie beim Kochen nahezu jedes Mal zum Einsatz kommen.

Alles, wirklich alles andere hat auf einer Arbeitsfläche nichts verloren – keine Kaffeebecher, keine Müslikartons, kein Honigglas, kein Kochbuch und kein Zuckerdöschen. Das alles gehört in die Schränke oder Schubladen!

Funktionsinseln einrichten Damit Sie bei bestimmten Arbeitsgängen nicht Gefahr laufen, sich selbst zu verstümmeln oder völlig überflüssige Wege zurückzulegen, sollten Sie die Dinge ihren Funktionen entsprechend verstauen und einrichten. Da wir an dieser Stelle Ihre bereits bestehende Küche *einräumen* und keine neue Küche *einrichten* und planen, werden Sie selbst entscheiden müssen, an welcher Stelle die im folgenden beschriebenen Arbeitsstationen in Ihrer Küche am besten anzusiedeln sind. Auch kann man je nach individuellem Zuschnitt der Küche nicht jede Arbeitsstation optimal organisieren. Wichtig ist allein, dass man sich über die Funktionszusammenhänge im Klaren ist und versucht, diesen, so gut es geht, gerecht zu werden.

Die Kaffee- und Teestation Eine der wichtigsten Stationen in einer Küche, weil nahezu jeder morgens und/oder nachmittags einen Muntermacher braucht. Doch warum liegen die Kaffeefilter in der Schublade links, warum stehen die Tassen im Hängeschrank rechts, warum steht die Kaffeedose auf der Anrichte und die Kaffeemaschine auf der Fensterbank?

Ordnen Sie einen Bereich in einem der Hängeschränke oder in Ihrem Buffet allein dem Thema Tee und Kaffee zu. Hier bringen Sie Filter, Kaffee- und Teedosen, Tee- und Kaffeekannen alle Tee- und Kaffeetassen, Zuckerdöschen und alle weiteren Utensilien (z. B. Milchaufschäumer) unter. Auch die Kaffeemühle gehört in den Schrank, wenn Sie nur alle drei oder vier Tage auf Vorrat Kaffee mahlen. Nur wenn Sie den Kaffee jedes Mal frisch mahlen, erhält sie die Lizenz für die Arbeitsfläche neben der Kaffeemaschine. Und wenn Sie jetzt nicht quer durch die ganze Küche zum Wasseranschluss laufen müssen, ist der Standort perfekt.

Die Schneide-, Wasch- und Müllstation In diesem Bereich auf der Arbeitsplatte sollte nichts umherstehen, was nicht unmittelbar für die Vorbereitung des Kochgutes notwendig ist, wie zum Beispiel der Messerblock.

Der günstigste Standort befindet sich zwischen Herd (und Backofen) und Spülbecken. Von hier aus kann man das auf Schneidebrettern geschälte und geschnittene Gemüse und Obst, das vorbereitete Fleisch und den filetierten Fisch direkt in die Pfannen und Töpfe am Herd geben, ohne weite Wege zurückzulegen, auf denen man in der Regel die Hälfte verliert und dann auf dem Küchenboden zu Matsch zertritt.

Für diese Kochvorbereitungszone ist auch die Nähe zum Spülbecken entscheidend: Gewaschenes Kochgut kann tropfnass direkt auf die Schneidbretter gegeben werden, ohne die halbe Küche unter Wasser zu setzen. Und da sich in den meisten Küchen der Eimer für Küchenabfälle unter der Spüle befindet, können vom Schneidbrett Gemüseschalen und -reste sowie Schnittabfall ohne große Umwege in den Abfalleimer überführt werden.

Hier in der Schneide-Station sollte auch unter den Hängeschränken eine Vorrichtung zum Abrollen von Küchenpapier angebracht sein. Damit können vorzubereitende Lebensmittel trocken getupft werden, frittierte Lebensmittel kann man später auf Küchenpapier an dieser Station abtropfen lassen. Stellen Sie die Papierrolle nicht auf die Arbeitsfläche, hier steht sie im Zweifel eher im Weg und raubt Platz.

Die Lebensmittel-Station Nicht allzu weit von der Schneide- und Waschzone, sollte sich der Kühlschrank befinden, von dem aus man frische Lebensmittel ohne große Umwege hier hin transportieren kann. Auch Lebensmittelkonserven, bei deren Öffnung Verpackungsmüll anfällt oder Flüssigkeiten abgegossen werden müssen, sowie Vorratsbehälter mit Lebensmitteln, die man zur weiteren Verarbeitung noch in der Schneide- und Waschstation vorbereiten muss, sollten in einem Hänge- oder Unterschrank in der Nähe der Schneide- und Waschstation untergebracht sein.

Die Kochstation Rund um Herd und Backofen sollten – in Griffweite! – alle Kochutensilien untergebracht werden, die Sie zum Kochen und Braten benötigen. Während des Kochens werden Sie keine Zeit haben, nach einem Rührlöffel, Pfannenheber oder Schneebesen zu suchen. Sie sollten in unmittelbarer Nähe des Herdes in einer mit Einsätzen unterteilten Schublade untergebracht werden. Und sie sollten immer genau dort und nirgendwo sonst deponiert werden (Denken Sie an das erste Ordnungs-Mantra: **»Jedes Ding hat seinen Platz!«**). Auch Töpfe, Pfannen und Siebe sollten nicht allzu weit von der Kochzone entfernt untergebracht sein.

Damit man sich nicht bücken muss, um die Beschriftung zu lesen, sollten Gewürze nach Möglichkeit in einem Hängeschrank auf Sichthöhe in unmittelbarer Nähe des Kochfeldes untergebracht werden. Und das möglichst auch noch alphabetisch geordnet. (Und wenn Sie ein Gewürz benutzt haben, stellen Sie es sofort wieder an seinen Platz. Denken Sie an das zweite Ordnungs-Mantra: **»Jedes Ding gehört an seinen Platz – immer!«**)

47

»Also, bei mir herrscht beim Kochen geniales Chaos! Ich kann doch nicht jedes Mal darauf achten, dass die Utensilien immer wieder da liegen, wo sie hingehören. Das hält doch nur auf!«

Hört sich gut an, ist aber kompletter Quatsch! Es gibt kein geniales Chaos. Im Gegenteil, wer einmal in einer Sterne-geschmückten Profi-Küche zugeschaut hat, weiß, dass vor allem die Verlässlichkeit von Ordnung erheblich dazu beiträgt, ein bestmögliches, kreatives Ergebnis auf den Teller zu zaubern.

In Profi-Küchen nennt man dieses Ordnungsprinzip **»Mise en place«**, was nichts anderes als das zweite Ordnungs-Mantra umschreibt: **»Jedes Ding gehört an seinen Platz – immer!«** Wenn der Pürierstab nicht immer genau da steht, wo er immer steht, dann fliegen Töpfe. Und zwar aus Wut. Wütend ist der, der den Pürierstab suchen muss. Wütend ist er auf den, der den Pürierstab nach Gebrauch nicht wieder dahin gestellt hat, wo er hingehört. Denn beim Kochen gibt es immer wieder mal hektische Phasen. Bis man dann gefunden hat, was man sucht, hat sich das Champagnersößchen erledigt. Und was für den Pürierstab gilt, gilt für nahezu alle anderen Utensilien auch.

Darüber hinaus nehmen Sie sich jede Bewegungsmöglichkeit und jeden Platz auf der Arbeitsfläche, wenn Sie während des Kochens alles stehen und liegen lassen. Küchenutensilien sind entweder in Gebrauch (und liegen dann griffbereit immer an derselben Stelle) oder in der Spülmaschine oder dort, wo sie hingehören. In einer Küche steht nichts einfach nur so rum! »Geniales Chaos« ist lediglich eine schlechte Ausrede für einen Mangel an Organisation.

Die Geräte- und Rührstation   In einem der Schränke sollten Sie alles technische Gerät unterbringen: Handmixer, Flotte Lotte, Bunsenbrenner, Pürierstab, Käsereiben, Gemüsehobel, Saftpresse, Küchenwaage, technische Zusätze der Küchenmaschine usw. Diese Station sollte am besten in der Nähe jenes Bereiches der

48

Arbeitsplatte untergebracht sein, wo diese Geräte am meisten gebraucht werden und wo am besten auch die Küchenmaschine untergebracht werden sollte.

Auch alle Utensilien zum Anrühren von Dressings, Marinaden und Dips sowie sämtliche Backutensilien sollten in der Nähe dieses Bereiches und in der Nähe der Küchenmaschine untergebracht werden.

Die Spül- und Geschirrstation Sämtliches Essgeschirr ebenso wie das Besteck sollte in der Nähe der Spüle bzw. in der Nähe der Spülmaschine in Schränken und Schubladen seinen Platz finden. Im Spülbecken können so ohne große Umwege Essensreste abgespült werden, bevor man das Geschirr und Besteck in die Spülmaschine stellt. Ist die Spülmaschine durchgelaufen, kann der saubere Inhalt ohne große Umwege eingeräumt werden.

Schränke einräumen Das Einräumen der Schränke und Schubladen sollte unbedingt der Logik der oben aufgeführten **Funktionsinseln** folgen. Doch es gibt noch ein weiteres Kriterium, das für den Standort eines Utensils und für reibungslose Abläufe in einer Küche wichtig ist: Der Wert eines Küchenutensils wird auch durch die Häufigkeit seiner Nutzung bestimmt.

Unterteilen Sie – abhängig von Ihren individuellen Kochgewohnheiten – alle Dinge in der Küche bzw. innerhalb der einzelnen **Funktionsinseln** danach, wie oft Sie diese Geräte brauchen. Nehmen Sie die Unterteilung in drei Gruppen vor:

Gruppe A: Dinge, die Sie täglich nutzen Diese Gruppe von Küchenutensilien ist unverzichtbar und sollte immer in Griffnähe der jeweiligen **Funktionsinseln** deponiert werden – also in den oberen Schubladen und in den unmittelbar erreichbaren Schränken. Und dort sollten sie ihren Platz immer im vorderen Be-

49

reich finden. Für Dinge des täglichen Gebrauchs sollten Sie sich nicht durch Gegenstände von nachgeordneter Wichtigkeit wühlen müssen.

Gruppe B: Dinge, die Sie wöchentlich nutzen Alle Utensilien, die sie nur ein-, zweimal in der Woche nutzen, rücken in der Hierarchie nach unten und nach hinten. Sie finden in den unteren Schubladen und in den Schränken hinter den Dingen des täglichen Gebrauchs ihren Platz.

Gruppe C: Dinge, die Sie monatlich nutzen Alles, was Sie nur wenige Male im Monat benötigen, wandert in die Außenbezirke der Küche, also nach ganz außen, nach ganz hinten und nach ganz unten. Wenn Sie viel Platz haben, können auch größere Gerätschaften, die noch seltener gebraucht werden (wie z. B. ein Waffeleisen), in diesen Außenbezirken einen Platz finden. Besser sind solche Geräte allerdings im Keller aufgehoben. Umso übersichtlicher geht es oben in der Küche zu.

Und noch ein letztes Wort zu Hängevorrichtungen ...
In vielen Küchen findet man Hängesysteme, an denen man jede Menge Kochutensilien wie Pfannenheber, Schneebesen, Rührlöffel auch Kaffeebecher und vieles mehr unterbringen kann. Auch ganze Gewürzregale zum Aufhängen sind sehr beliebt.

Vorteil: In der Nähe der Kochstation angebracht, ermöglichen diese Hängevorrichtungen in der Tat einen schnellen und übersichtlichen Zugriff. Und was an der Wand oder unter Hängeschränken hängt, steht nicht Platz raubend auf der Arbeitsplatte.

Nachteil: In einer Küche und vor allem in Nähe der Kochstation werden fettige Dunstnebel erzeugt, die sich gnadenlos als öliger und nur schwer entfernbarer Schmierfilm auf allen Gegenständen niederlassen, die nicht hinter Schranktüren oder in Schubladen dagegen geschützt sind.

Fazit: Wenn es sich vermeiden lässt, verzichten Sie auf diese Hängesysteme. In der Regel sind es Verlegenheitslösungen, weil man in Schränken und Schubladen keinen Platz mehr findet. Den Platz haben Sie aber jetzt. Sie haben ja entrümpelt!

DAS VERRÜMPELTE HOME-OFFICE – EIN BERMUDADREIECK

»Moooment mal! Das gibt's doch nicht!! Das Knöllchen hab ich doch bezahlt!!! Vor zwei Wochen oder so. Ich hab doch auch noch irgendwo den Beleg. Dahinten, in dem Stapel unter der Schreibtischlampe … Was schlagen die da jetzt als Mahngebühr drauf? 30 Euro? Das ist ja Wucher! Da ruf ich jetzt aber mal an!«

Tun Sie das! Man kennt Sie bei der Kostenstelle ja bereits. Und zwar bestens. Weil Sie Ihre Knöllchen nie sofort bezahlen. Sondern immer erst nach Mahnung, und nachdem Sie sich aufgeregt haben. Ist immer dasselbe Procedere. Langweilt mittlerweile eigentlich alle!

Der Grund? Nicht, dass Sie zahlungsunfähig oder -unwillig wären. Nein, der Grund ist, dass Ihre Knöllchen, so wie alle anderen Rechnungen, Briefe und Unterlagen – ob wichtig oder unwichtig – zunächst einmal von diesen Papier fressenden Ungeheuern auf und um Ihren Schreibtisch verschluckt werden. Diese Ungeheuer nennt man Stapel.

Und was Sie da angeblich vor zwei Wochen bezahlt haben, war nicht das aktuelle Knöllchen, sondern der vorletzte und ebenfalls angemahnte Versicherungsbeitrag. Der Beleg liegt wahrscheinlich tatsächlich da hinten in dem Stapel links unter der Schreibtischlampe. Wahrscheinlich … »Nein, Stopp! Den Beleg hab ich in eine der Schubladen rechts vom Schreibtisch gelegt. Ich erinnere mich genau.«

Ja dann mal zu! Öffnen Sie die Schublade! Oh, klemmt? Zuviel drin? Kann vorkommen. All die Kabel von den Handys, der Tacker und der Locher und die Fotos vom letzten Sommerurlaub, die Werbeprospekte und (»… was macht eigentlich der Nussknacker hier drin?«) die Lottoscheine und der Taschenrechner. Ja, und die Spar-

51

bücher müssen ja schließlich auch irgendwo hin. Und irgendwo hier drin ist – vielleicht – auch der Beleg, den Sie suchen.

Vielleicht liegt er aber auch im Regal. In dem Papierstapel neben den umgefallenen Aktenordnern, unter dem kaputten Anrufbeantworter (»Wollte ich immer mal reparieren lassen …«). Aber aufpassen! Nicht, dass sich da eins von den (ca. 100) Post-it-Zettelchen an der Stirnseite der Regalbretter löst. Das sind alles ganz wichtige Telefonnummern und Notizen! Ganz wichtig! Und vor allem: Nicht, dass der Stapel aus dem Regal fällt. Dann gerät noch alles durcheinander! Nicht auszudenken!

Schubladen und Stapel im Gerümpelbüro   Die tragenden Säulen eines verrümpelten Home-Office sind zweifelsfrei Stapel. Stapel – auf dem Boden, auf dem Schreibtisch, im Regal, im Schrank oder wo auch immer – bedeuten den Untergang jedweder Übersicht. Stapel sind zudem aggressive Wesen, es sind eroberungsdurstige Okkupanten, bemächtigen sich jeden Quadratzentimeters, bis kein freier Platz mehr zu sehen ist (übrigens nicht nur im Bereich des Schreibtisches). Manch ein Hausbewohner weiß die Frage nach Farbe und Material seines Schreibtisches oder des Fußbodenbelags in seinem Arbeitszimmer schon nicht mehr zu beantworten – hat er ja seit Jahren nicht mehr gesehen.

Stapel sind eroberungsdurstig und raffgierig. Sie reißen alles an sich. Und sie geben in der Regel nichts mehr von ihrer Beute her, jedenfalls nicht das, was man braucht. Sicher, wenn man in einem Stapel etwas sucht, wird man immer fündig. In den seltensten Fällen findet man jedoch, was man sucht. Man findet irgendwas. Irgendwas, was man vor Monaten mal hätte brauchen können. Fazit: Was Opfer eines Stapels wird, geht ein ins Land des Vergessens   Knöllchen, Rechnungen, Tageszeitungen, Versicherungs- und Steuerunterlagen, Kontoauszüge und Prospekte.

Stapel statten sich zudem mit raffinierten Verteidigungsanlagen aus: Zwischen Stapeln finden sich nämlich gerne auch halbvolle Kaffeebecher oder unverschlossene Saftflaschen oder ähnliches. Wer sich einem Stapel mit feindlicher Such-Absicht nähert, läuft höchste Gefahr, eines der Gefäße umzustoßen. Und wer dann damit beschäftigt ist, die verursachte Sauerei trocken zu legen, denkt nicht mehr ans Suchen! Feind besiegt! Es lebe der Stapel! Letzte Verteidigungseinrichtung eines Stapels ist die ultimative Selbstvernichtung: Eine falsche Bewegung des Suchenden und er fällt um, der Stapel. Andere Stapel mit sich reißend. Ein wahres Stapel-Inferno auslösend.

Das gleiche gilt für Schubladen, in denen sich ganze Universen von Utensilien und Papierkram zu einem fröhlichen Stelldichein versammeln. Auch Schubladen sind raffgierig, verschlingen alle kleinen und großen Gegenstände, die man Ihnen in den Schlund wirft. Und die sich bei jedem Versuch, die Schublade zu öffnen, aufbäumen und widerspenstig den Mechanismus versperren und verklemmen.

Stapel und verstopfte Schubladen sind ab heute Staatsfeind Nr. 1. in Ihrem privaten Arbeitszimmer oder im Bereich Ihres Schreibtisches. Stapeln und verstopften Schubladen geht es jetzt an den Kragen. Sie besitzen mit diesem Buch nämlich die Lizenz, sie zu vernichten, aufzulösen und in die übersichtliche Struktur von Ordnungssystemen zu verbannen. Jetzt ist Schluss mit lustig!

Der große Gerümpel-Home-Office-Befreiungsschlag

Der Arbeitsplatz bzw. das Arbeitszimmer in Ihrem Haus oder in Ihrer Wohnung stellt die Schaltstelle Ihrer privaten Administration dar. In Ihrem Home-Office geht es um Geld (Rechnungen, Bankangelegenheiten, Geldanlagen), um Sicherheit (Versicherungen, Rente), um Ihre Rechenschaftspflicht gegenüber dem Staat (Steuern), nicht selten auch um berufliche Dinge, die Sie zu Hause noch nacharbeiten müssen oder wollen, und um vieles mehr.

Die kostbare Zeit, die man mit dem elenden Suchen nach fälligen Rechnungen, Bußgeldbescheiden, Rentenunterlagen, nach Versicherungsunterlagen, Garantien,

Steuer-, Bewerbungs- oder beruflich genutzten Unterlagen verbringt, kann man so viel besser verbringen (Kulturwoche in Cadolzburg! S. S. 15). Das durch Ordnung gesparte Geld kann man für so viel Interessanteres ausgeben als für Mahngebühren.

Das Chaos Ihrer privaten Lebensverwaltung fortan zu verhindern bzw. Übersicht und Klarheit herzustellen, darum wird es im Folgenden gehen. Es geht um einen Befreiungsschlag. Und dazu bedarf es natürlich zunächst einmal einer herzlichen Entrümpelung. Anschließend reicht die Herstellung einer einfachen, aber durchdachten Grundordnung, um den ganzen Verwaltungsballast des Alltags in den Griff zu bekommen. Doch zunächst einmal machen wir jetzt reinen Tisch.

Schritt eins: Tabula rasa!   »Tabula rasa machen« heißt nichts anderes, als reinen Tisch zu machen, einen Neuanfang zu wagen. Und das nehmen wir jetzt wörtlich: Räumen Sie Ihren Schreibtisch komplett leer! Leeren Sie auch Ihre Regale! Und zwar alle!

Räumen Sie Stapel für Stapel ab. Zu große Stapel tragen Sie in zwei Schritten ab. Egal, was Ihnen in die Finger kommt: Legen Sie Ihr gesamtes Büro auf den Boden des Arbeitsraumes (Sofern er groß genug ist und Sie sich anschließend noch unfallfrei bewegen können. Sonst legen Sie alles auf den Boden im Wohnraum.)

Trennen Sie dabei alles, was Papier ist (also alle Briefe, Zettel, Zeitungen, Umschläge, Prospekte, Hefte etc.) von Gegenständen, die nicht aus Papier bestehen (also Fotorahmen, Bilder, Stifte, Lineale, Radiergummis, Stiftebecher, Zettelboxen, Brief- oder Scherenhalter, Tischuhren etc.) Bücher legen Sie zunächst in eine Extra-Ecke.

Das einzige, was auf dem Schreibtisch stehen bleiben kann, ist der Computer (nebst Drucker) und das Telefon. An deren Existenzberechtigung am Schreibtisch braucht niemand zu zweifeln. Zuletzt räumen Sie nach dem gleichen Prinzip die Schränke und Schubladen aus. Komplett! Und alles, was da jetzt vor Ihnen auf dem Boden liegt, werden Sie alsbald, wie in der Küche, in die Hand nehmen und der gewissenhaften Prüfung durch die Gerümpel-Mantras unterziehen.

Schritt zwei: Saubermachen Doch zunächst unterziehen Sie den Schreibtisch, die leergeräumten Regale und Schränke sowie die leergeräumten Schubladen einer eingehenden Säuberungsaktion. Wischen und wienern Sie alles solange, bis es blitzt und blinkt. Wenn Ihre Arbeitsplatte es wert ist, scheuen Sie nicht den Einsatz von Politur oder anderen Spezialpflegemitteln. Verabreichen Sie als Wiedergutmachung für all das Elend, das Ihrem Schreibtisch während all der Jahre der Missachtung widerfuhr, eine First-Class-Wellnesskur.

Hochgefühl – ein sauberer und leerer Schreibtisch! Und jetzt kommt's. Das Hochamt! Jetzt nämlich nehmen Sie sich ein wenig Zeit, setzen sich auf Ihren Schreibtischstuhl und genießen vor allem eins: den restlos blanken und sauberen Schreibtisch! Es mag lächerlich klingen, aber für die meisten Menschen, die jahrelang unter all den Stapeln, Kaffee- und Aschenbechern, unter all den Gerümpelbergen Ihren Schreibtisch gar nicht mehr erkennen konnten, gehört dieser Moment zu den erhabensten der gesamten Entrümpelungsaktion des Arbeitszimmers: Voller

55

Ehrfurcht sollten Sie diese Messe zelebrieren, diesen Moment kontemplativer Ruhe. Sie sitzen vor Ihrem Schreibtisch. Und er wird Ihnen wie ein Sinnbild Ihres neuen, entrümpelten Lebens vorkommen: Denn er ist rein, er ist klar und sauber und übersichtlich! Er ist **leer! Entrümpelt!**

Und so soll es bleiben. Doch dazu muss in einem zweiten Schritt alles, was auf dem Boden liegt, kräftig ausgemistet werden.

Schritt drei: Ausmisten Was für die Küche gilt, gilt auch für Ihr Home-Office. Es folgt der große Kraftakt des Entrümpelns mit Hilfe der drei Gerümpel-Mantras.

1. Papier- und Zettelkram mit der Drei-Felder-Methode ausmisten! Als erstes sollten Sie sich den auf dem Boden liegenden Papierbergen widmen. Teilen Sie Ihren Fußboden oder Ihren Schreibtisch zunächst in drei Felder auf. Und zwar nur in drei! Es wird keine Zwischenfelder und keine Felder vier oder fünf geben!

Feld eins: Akut! In das erste Feld werden Sie im Folgenden alle Schriftstücke legen, die unbedingt und bald erledigt werden müssen, die also eine Bearbeitung Ihrerseits in absehbarer Zeit erfordern: Rechnungen, Anfragen von Versicherungen, Vermietern, Universitäten, Schulen, Notizzettel mit Terminen, aktuelle Prospekte (nur die, die Sie wirklich benötigen!) etc.

Feld zwei: Ablage! In das zweite Feld werden Sie im Folgenden jedes Stück Papier legen, das aufgehoben oder gar archiviert werden sollte: Steuerbescheide oder -unterlagen, aktualisierte Versicherungsnachträge, (steuerrelevante) Bankunterlagen (Kontoauszüge), Darlehens- oder Kreditunterlagen, Vermögensanlagen, Handwerkerrechnungen (für Garantie- oder Regressforderungen), die Zeugnisse Ihrer Kinder, Notizzettel mit Telefonnummern, Garantieunterlagen, bereits bezahlte steuer- oder garantierelevante Rechnungen, Bewerbungsunterlagen und vor allem berufliche Unterlagen etc.

Feld drei: Abfall! Das dritte Feld ist das wichtigste und das schmerzhafteste. Sie werden im Folgenden nämlich jeden Zettel, jeden Brief, jeden Prospekt, jedes Stück Papier in die Hand nehmen, mit einem Blick feststellen, ob es einer akuten Reaktion bedarf, ob es aufgehoben werden muss – oder ob es Abfall, also Gerümpel ist. Und Sie dürfen davon ausgehen: 80 bis 90 Prozent Ihrer Papierstapel sind Müll! Gerümpel! Weg damit! Es gelten, im übertragenen Sinne, nämlich auch bei Papierstapeln

das erste Gerümpel-Mantra:
Was kaputt ist, gehört in den Müll!

und …

das zweite Gerümpel-Mantra:
Was Sie nicht brauchen, wird … weggeschmissen!

»Kaputt« ist ein Schriftstück, wenn es keine konkrete Funktion erfüllt (Information oder Nachweis)! Und was keine konkrete Funktion erfüllt, brauchen Sie auch nicht.

Also weg mit der Tageszeitung von letzter Woche (Nichts ist so alt wie die Zeitung von gestern!), weg mit dem Kassenbon vom Gemüsehändler, weg mit dem Werbeprospekt mit Angeboten vom Dezember letzten Jahres, weg mit den abgelaufenen Garantieunterlagen und mit den Bedienungsanleitungen von kaputten Geräten, die Sie gar nicht mehr besitzen (Haben Sie dem ersten Gerümpel-Mantra folgend ja bereits entsorgt!), weg mit den leeren Briefumschlägen, weg mit dem zwei Jahre alten Zeitungsartikel, den Sie nie mehr lesen werden (Ehrlich, Sie werden es nicht tun!), weg mit der alten Weihnachtskarte, weg mit dem längst verfallenen Terminzettel vom Zahnarzt und weg mit dem alten Bierdeckel (Sie wissen doch gar nicht mehr, von wem die Telefonnummer neben den zwanzig Strichen stammt!) etc.

Das ganze dritte Feld werden Sie im Anschluss komplett und sofort und ohne Umwege in der blauen Tonne entsorgen.

So, und jetzt sind Sie und Ihr Arbeitsplatz um eine gefühlte Tonne leichter. Ein verdammt gutes Gefühl!

2. Den Rest des Home-Office ausmisten Nunmehr wenden wir uns all jenen Gegenständen zu, die in einem durchschnittlichen Home-Office sonst noch so in Schubladen und Schränken und auf Schreibtischen Ihr Leben verstopfen. Ob das einzelne Teil wirklich gebraucht wird, welchen Stellenwert es hat, ob es also täglich oder doch zumindest wöchentlich/monatlich gebraucht wird und ob es deswegen eine wirkliche Existenzberechtigung hat, können Sie erneut mit Hilfe der drei heiligen Gerümpel-Mantras entscheiden. Da ist zunächst

das erste Gerümpel-Mantra:
Was kaputt ist, gehört auf den Sperrmüll!

All diese kaputten Kugelschreiber, diese billigen Werbegeschenke, all die vertrockneten Einwegfilzschreiber, alle Bleistiftstümpfe, die einem beim Schreiben aus den Fingern rutschen, alle stumpfen Scheren und angebrochenen Lineale etc. haben in Ihrem neuen entrümpelten Reich keinen Platz mehr.

Und: Nein, das defekte Diktiergerät werden Sie in diesem Leben nicht mehr benutzen. Und auch nicht mehr repariert bekommen, weil eine solche Reparatur teurer als ein neues Gerät ist und weil solche Geräte mittlerweile digital funktionieren. Mit Kassetten arbeitet man heute nicht mehr – auf den Müll damit.

Auch das kaputte Handy ist Elektronikschrott! Sie haben doch schon längst ein neues! Und mit der Verlängerung Ihres Vertrages bekommen Sie in zwei Jahren schon wieder ein neues, mit dem neuesten Standard! Also weg mit dem alten Teil!

Wichtig im Büro ist natürlich aber auch

das zweite Gerümpel-Mantra:
Was Sie nicht brauchen, wird verkauft, verschenkt oder weggeschmissen!

Wenn Sie das alte Handy entsorgen, lassen Sie auch sein altes Ladekabel direkt mit in den Sondermüll wandern. Es ist nämlich mit Ihrem neuen Handy nicht kompatibel und das wird es auch nicht mit dem übernächsten sein. Sie werden zu jedem neuen Handy zudem ein neues passendes Ladekabel erhalten – ob Sie wollen oder nicht.

Und die Magnete für die längst entsorgte Pinnwand? Was wollen Sie damit? Sind überflüssig, haben Sie seit zwei Jahren nicht mehr in der Hand gehabt, verstopfen nur Ihre Schublade. Nein, Sie werden in diesem Leben vermutlich nie wieder Magnete benötigen. Weg damit!

Und das transportable Navigationsgerät ist, seit Sie in dem neuen Auto ein eingebautes Navi haben, auch restlos überflüssig. Haben Sie seit einem Jahr nicht mehr gebraucht. Verstopft nur Ihr Regal. Verkaufen Sie es übers Internet oder verschenken Sie es an den Studenten von nebenan. Der wird sich ein Loch in den Bauch freuen. Und legen Sie ihm den separaten Anrufbeantworter noch obendrauf. Den brauchen Sie nämlich auch nicht mehr, seitdem Sie sich das Telefon mit integriertem AB gekauft haben.

Und natürlich gilt auch im Büro

das dritte Gerümpel-Mantra:
Was Sie nur ein- oder zweimal im Jahr brauchen, gehört in den Keller!

Wie oft bauen Sie eigentlich noch Dia-Leinwand und Projektor auf, um sich die Urlaubsfotos aus den Siebzigern anzuschauen? Alle zwei Jahre? Nein? Ach so, nur alle fünf Jahre. Müssen Sie jetzt deswegen aber nicht wegschmeißen, nein, das nicht. Man hängt ja dran. Aber die Dia-Sammlung gehört nicht ins Schreibtischregal und nicht in den Schrank Ihres Arbeitszimmers. Die gehört in den Keller, mitsamt Diaprojektor und Leinwand.

Das gleiche gilt für Werkzeug: Sie benötigen den elektrischen Schraubenzieher doch nur ein bis zwei Mal im Jahr! Welche Berechtigung hat also dieses Monster, wertvollen Stauraum in einer Schreibtischschublade für sich zu beanspruchen? Ab in den Keller oder in die Werkzeugkiste im Abstellraum!

Bücher entrümpeln – ein weites Feld! Ob im Arbeitszimmer, im Wohnraum oder wo auch immer Bücher ihr Dasein fristen: zum Bersten gefüllte Bücherregale auszulichten und zu entrümpeln, also Bücher der Altpapiertonne zu überantworten oder – an wen auch immer – zu verschenken, gehört nicht selten zu den schwierigsten Entrümplungs-Aufgaben, bei denen man die höchsten Hürden zu überwinden hat. Und die Hürden werden mit zunehmendem Bildungsgrad immer höher. Die Gründe dafür sind vielfältig und nachvollziehbar:

- Bücher, ordentlich in einem Regal stehend, sehen dekorativ aus. Nicht umsonst bewahrt man sie in der Regel in offenen Regalen auf.
- Mit bestimmten Büchern verbindet man tiefe emotionale Erfahrungen. Solche Bücher wegzuwerfen, käme einem Verrat an der eigenen Seele vor.
- Bestimmte Bücher haben einem den Weg in den Beruf geebnet. So manche Fachbuchseite, über der man für sein Examen oder seine Doktorarbeit besonders gebrütet hat, weist eindeutige Spuren von Verzweiflungstränen und Angstschweiß auf.
- Und nicht zuletzt signalisieren Bücher ihren Besitzern und vor allem deren Besuchern einen gewissen Bildungsgrad, Bücher stehen für Kultur, Offenheit und Welterfahrung.

60

So was schmeißt man nicht leichten Herzens weg! Das muss man aber hin und wieder. Es sei denn, man gehört zu den wenigen Glückseligen, die allein für ihre Bücher über Räumlichkeiten von den Ausmaßen einer Universitäts- oder Landesbibliothek verfügen. Für alle anderen gilt: Auch Bücher können Gerümpel sein!

Es gilt also auch bei Büchern

das erste Gerümpel-Mantra:
Was kaputt ist, gehört auf den Sperrmüll!

Bücher, die restlos vergilbt, abgegriffen, zerrissen, zerfleddert, mit einem Wort: kaputt sind, gehören zum Altpapier. Wenn sie wirklich wichtig sind, kann man sie nachkaufen. Ob sie wirklich wichtig sind, werden sie daran merken, ob Sie sie auch nach einer Woche noch vermissen.

Und es gilt auch für Bücher

das zweite Gerümpel-Mantra:
Was Sie nicht brauchen, wird verkauft, verschenkt oder weggeschmissen!

Fachliteratur zum Beispiel veraltet relativ schnell, egal ob es Bücher oder Aufsätze sind. Das Wissen der Welt wird unablässig mehr und erweitert sich von Jahr zu Jahr um ein Vielfaches. Ihre »Elektronikbibel« aus den frühen Achtzigern – wie sehr sie Ihnen damals bei der Umschulung auch geholfen haben mag – ist Schrott, Datenmüll, Wissen von vorgestern. Weg damit! Dafür haben Sie keinen Platz!

 **»Wie bitte? Ich soll meinen Hesse entsorgen?** Den hab ich mit 17 gelesen. Hab geheult wie eine Gießkanne! Der bleibt! Bis ans Ende aller Tage!«

Tja, genau. Den haben Sie mit 17 gelesen, den Hesse. Und geheult. Tun Sie sich selbst den Gefallen: Greifen Sie jetzt noch mal zu Ihrem Hesse. Und lesen Sie! Heulen Sie jetzt auch? Nein? Können Sie jetzt mit Ihrem Hesse gar nichts mehr anfangen? Na, also, dann verschenken Sie Ihren Hesse doch. Vielleicht wollen ja jetzt mal andere heulen.

Für die schöngeistige Literatur, für die leichte Unterhaltung, für alle Bildbände gilt die Frage: Ist es wirklich seinen Platz im Regal wert? Also: Hängt mein Herz wirklich noch an diesem oder jenen Grass? An diesem oder jenen Hesse? War das damals nicht doch nur so eine Phase?

Alle Bücher, die bei dem Versuch, sie zu entsorgen, keine seelischen Höllenqualen hervorrufen (das tun in der Regel weit weniger, als Sie glauben), sollten Sie im Freundeskreis verschenken (Bücher zu verkaufen, lohnt kaum den Aufwand), oder in eine Kiste packen, in den Hausflur stellen und den übrigen Mietern als Präsent anbieten – oder in die blaue Tonne werfen.

Für bestimmte Fachbücher gilt

das dritte Gerümpel-Mantra:
Was Sie nur ein- oder zweimal im Jahr brauchen, gehört in den Keller!

Aktuelle Fachliteratur, die Sie – womöglich beruflich – nur das ein oder andere Mal im Jahr benötigen, sollte keinen Platz in der Wohnung in Anspruch nehmen dürfen. Lagern Sie solche Bücher in den Keller aus. Der Weg dorthin sollte ein bis zwei Mal im Jahr zumutbar sein.

Anschließend gilt: Für jedes Buch, das Sie neu kaufen oder geschenkt bekommen und behalten wollen, wird ein altes weichen müssen! Gnadenlos! Müllen Sie Ihre Regale nie wieder mit Büchern zu!

Home-Office ohne Chaos

So, Sie haben sich jetzt kräftig freigerümpelt! Gratulation! Was da jetzt noch vor Ihnen auf dem Boden bzw. auf den verbleibenden Feldern Ihres Schreibtisches liegt, muss nun nur noch sinnvoll und vor allem Platz sparend verstaut werden. Es ist an dieser Stelle allerdings unmöglich, Sie an die Hand zu nehmen und detaillierte Tipps für Ihre spezifische Büro-Organisationsstruktur zu geben: Zu unterschiedlich sind die individuellen Anforderungen an ein Home-Office, zu unterschiedlich die Mengen der abzulegenden Dokumente, zu unterschiedlich die räumlichen Möglichkeiten für Ordnungssysteme etc. Doch eins ist allen Büros gleich, selbst den beruflich genutzten und egal wie groß sie sind: ihre Funktionalität richtet sich nach bestimmten Ordnungsprinzipien, die nahezu überall anwendbar sind. Und die sollen im Folgenden als Anregung kurz vorgestellt werden.

Richten Sie Themeninseln ein!   Ob im Aktenregal, in Hängeregistraturen, in Schubladen oder Aufbewahrungsboxen: Sie erleichtern sich die Suche nach Dokumenten und das Ablegen von Dokumenten gewaltig, wenn Sie **Themeninseln** einrichten.

Kontoauszüge, Kreditunterlagen, Unterlagen zu Vermögensanlagen und zur Vermögensverwaltung sollten in einem oder mehreren Ordnern nebeneinander angeordnet werden – in der **Themeninsel** »Geld«.

In der **Themeninsel** »Versicherungen« sollten all die Aktenordner mit Unterlagen zu staatlichen und privaten Rentenversicherern in unmittelbarer Nähe zu den Unterlagen von Lebensversicherungen untergebracht werden, die wiederum in der Nähe zu allen anderen Versicherungen.

Was in der Küche eine Funktionsinsel, ist im Büro eine Themen-insel! In einer Schublade oder Aufbewahrungsbox sollten Sie unter der **Themeninsel** »Computer« alle Utensilien wie externe Festplatten, USB-Sticks, CDs, Spielekonsolen etc. aufbewahren.

Eine weitere Schublade widmen Sie dem Thema »Papier«. Hier können sie Druckerpapier, Briefbögen und Briefumschläge etc. aufbewahren. Usw…

Alle Aktenordner, Aufbewahrungsboxen und Schubladen sollten natürlich eine deutlich lesbare und wirklich aktuelle Beschriftung aufweisen und in ihrem Inneren – wenn möglich – chronologisch oder thematisch geordnet sein.

Gleichen Ordnungsprinzipien sollten natürlich auch die Bücherregale unterworfen werden. Unterteilen Sie Fachliteratur nach Themen, Unterhaltungs- und schöngeistige Literatur nach Autoren und Zeit oder alphabetisch.

Den Stapel auf den Kopf gedreht – Aktenordner und Hängeregistraturen Es sind die bekanntesten und einfachsten und funktionalsten Aufbewahrungssysteme für Dokumente: Aktenordner und Hängeregistraturen. Hängeregistraturen kann man sogar in Schubladensysteme integrieren und damit optisch verschwinden lassen. Sich ihrer nicht zu bedienen wäre sträflich. Und das Prinzip ist denkbar einfach: Man dreht mit diesen Ordnungssystemen nämlich einfach die allseits so beliebten, aber völlig chaotischen Stapel von der Horizontalen in die Vertikale. Allein durch diese Drehung lassen sich nunmehr die darin enthaltenen Dokumente sinnvoll (chronologisch oder thematisch) ordnen, und der schnelle Zugriff ist gewährleistet.

Einfacher geht es nicht. Und wer das bürotypische Grau dieser Ordnungssysteme für den im Wohnraum befindlichen Schreibtisch nicht mag – es gibt auch kunterbunte Varianten!

Steuerbelege – ab in die Box Eigentlich gilt natürlich auch für Steueran-gelegenheiten das zweite Ordnungs-Mantra: **Jedes Ding gehört an seinen Platz – immer!** Doch seine Steuerbelege sofort und bei jeder Gelegenheit in einem ent-sprechenden Ordner thematisch sauber zugeordnet abzuheften, kann – je nach Umfang der relevanten Belege – im Alltag wirklich aufhalten und nerven. Sich dem Ordnungs-Mantra in diesem Fall einmal nicht in aller Konsequenz zu unterwerfen ist nicht ehrenrührig. In diesem Fall sollte man sich entweder eine Aufbewahrungs-box zulegen, in der man über das ganze Jahr alle Belege sammelt, um sie am Jah-resende dann für die Steuererklärung entsprechend zu sortieren, oder man ordnet den Steuerbelegen sogar eine eigene Schublade zu.

Hier kommen aber ausschließlich – wirklich ausschließlich – steuerrelevante Belege rein! Keine Notizzettel, keine Gebrauchsanweisungen, keine Tempotaschentücher!

Nie wieder in Papierbergen untergehen! Verwaltungsfachleuten zufol-ge sind gut 80 Prozent aller aufbewahrten Unterlagen in einem Haushalt völlig irrele-vant! Fragen Sie im Zweifel die jeweiligen Ansprechpartner (Steuerberater, Versiche-rungsmakler, Notare oder Anwälte etc.), welchen Schriftsatz, welche Korrespondenz, welches Dokument wie lange wirklich aufbewahrt werden muss und was Sie getrost wegwerfen können. Nehmen Sie zum nächsten Besprechungstermin ruhig Ihren Ak-tenordner mit und bitten Sie Ihren Gesprächspartner, Ihren Aktenordner fachmän-nisch zu entrümpeln. Sie werden erstaunt sein: Es fällt umwerfend viel Papiermüll an, den man nach Kenntnisnahme einfach im Papierkorb entsorgen kann.

Und der erste Schritt gegen das Papierchaos besteht in der intelligenten Positio-nierung von Abfallkörben allein für Papier: Direkt am Briefkasten aufgestellt, wan-dert dort unmittelbar alles hinein, was nach kurzer Inaugenscheinnahme Müll ist. Am Schreibtisch dann wandert dort alles hinein, was bei näherem Hinschauen bzw. nach Kenntnisnahme ein Fall fürs Altpapier ist.

»Ablage«, »Aktuelle Vorgänge« und »Rechnungen/Korrespondenz« – auch ab in die Box Wie gesagt, an und für sich gelten auch im Home-Office die beiden Ordnungs-Mantras: **Jedes Ding hat seinen Platz!** Und: **Jedes Ding gehört an seinen Platz – immer!** Doch jede Rechnung sofort zu überweisen und abzulegen, jede Info-Post, jeden Kontoauszug, jede Korrespondenz immer und sofort bei Betreten der Wohnung als erstes zu beantworten oder im entsprechenden Ordner abzuheften, herrje, dafür hat man halt manchmal keine Zeit und keinen Nerv!

OK, stimmt. Und wir wollen nicht päpstlicher sein als der Papst. Aber das ist kein Grund, sich regressiv in alte Stapel-Gewohnheiten zurückfallen zu lassen.

Abteilung »Ablage« Es wäre bestenfalls ein Grund, für alle abzuheftenden Dokumente (inkl. derjenigen, die jetzt noch in Feld zwei auf Ihrem Schreibtisch liegen) eine nicht zu große und mit »Ablage« beschriftete Aufbewahrungsbox aufzustellen oder ein Fach in der Hängeregistratur einzurichten, in der man solche Dokumente sammelt, um sie (mindestens!) einmal die Woche in ihre jeweiligen Ordner zu verdammen. Am besten an einem fixen Termin, beispielsweise immer sonntags, am späten Nachmittag. Dann startet man aufgeräumt in die Woche!

Abteilung »Rechnungen/Korrespondenz«: Eine weitere Box oder Abteilung in der Hängeregistratur richtet man mit der Beschriftung »Rechnungen/ Korrespondenz« ein. Hier finden all jene Papiere eine Heimstatt, die Sie beim Papier-Entrümpeln im »Feld eins: Akut« auf Ihrem Schreibtisch abgelegt haben. Hier finden zukünftig all die Rechnungen und Anschreiben eine Unterkunft, die eine schnelle und einmalige Reaktion erfordern. Auch dieses kleine Sammellager sollte man (mindestens!) einmal die Woche leeren, um die fälligen Beträge zu überweisen bzw. eine Antwort auf Anfragen zu erteilen. Auch das geschieht am besten an einem fixen Termin! Tragen Sie ihn die ersten Monate, in Ihren Terminkalender ein!

Abteilung »Aktuelle Vorgänge«   Und eine weitere Box, Schublade oder Abteilung in der Hängeregistratur sollte man für »Aktuelle Vorgänge« reservieren, die einen auf absehbare Zeit immer mal wieder beschäftigen werden und für die man nicht immer wieder den Aktenordner aus dem Regal holen möchte.

Viele Vorgänge allerdings benötigen nach Erledigung noch nicht einmal einen Aktenordner oder ein wie auch immer geartetes Archiv. Sie sind nach Erledigung einfach abgeschlossen und können direkt entsorgt werden. Auch diese Vorgänge können in der Box »Aktuelle Vorgänge« zwischengelagert werden. Die Dokumente oder Korrespondenz der einzelnen Vorgänge sollte man in Klarsichthüllen aufbewahren. Diese Klarsichthüllen halten die einzelnen Papiere zusammen und trennen sie griffbereit von anderen Vorgängen in Klarsichthüllen.

Die Nutzfrequenz bestimmt den Standort!

Je öfter ein Gegenstand benutzt wird, desto griffbereiter sollte er platziert sein. Ein Kugelschreiber beispielsweise oder anderes Schreibgerät sollte immer im Zentrum des Geschehens, also auf dem Schreibtisch neben einem Papierblock für Notizen liegen.

Je seltener Sie jedoch ein Utensil benötigen, desto weiter entfernt sich der Aufbewahrungsstandort vom Benutzerzentrum. Wenn Sie nur einmal die Woche eine Schere benötigen, kann sie in der Schublade für »Büroutensilien« eher hinten angeordnet werden. Der Locher, den Sie jeden zweiten Tag brauchen, sollte in derselben Schublade vorne angeordnet sein.

67

Dieses Ordnungsprinzip gilt für Kleinteile in der mit Einsätzen übersichtlich unterteilten Schublade ebenso wie für Bücher und Aktenordner. Ziel ist es, die Schreibtischplatte grundsätzlich so frei wie möglich von allem zu halten, was nicht unmittelbar benötigt wird! Und vor allem: Bei jedem Büro-Utensil, das Sie zukünftig in die Hand nehmen, immer an

das erste Ordnungs-Mantra:
Jedes Ding hat seinen Platz!

und

das zweite Ordnungs-Mantra
Und jedes Ding gehört an seinen Platz – immer!

denken!

Und bereiten Sie der Zettelwirtschaft endlich ein Ende! Ein für alle Mal: Übersäen Sie Ihren Schreibtisch und Ihr Regal nicht mit tausenden von Notiz- und Post-it-Zettelchen, auf denen Sie Telefonnummern oder Adressen oder Termine oder was auch immer notieren.

Termine schreiben Sie fortan direkt in einen offen auf dem Schreibtisch liegenden Terminkalender. Telefonnummern geben Sie direkt in Ihr Handy, Ihr Festnetztelefon, Ihren Computer ein oder notieren sie in Ihrem Telefonbuch. Und Gesprächsnotizen heften Sie demnächst sofort in dem entsprechenden Aktenordner ab oder legen sie in die entsprechende Klarsichthülle aus der Box »Aktuelle Vorgänge«.

Auch Pinnwände, diese unsinnigen Pseudo-Ordnungsinstrumente, verbannen Sie aus Ihrem Umfeld! Nach nicht allzu langer Zeit, sind diese nämlich genauso wie der Schreibtisch restlos verrümpelt, übersät mit Zettelchen und Fotos und Postkarten. Und an einer verrümpelten Pinnwand findet man genauso wenig, wie auf einem Gerümpel-Schreibtisch. Verschenken Sie das Teil. Sollen doch andere daran suchen, bis sie schwarz werden!

Ein letzter Tipp: Räumen Sie Ihren Schreibtisch auf – immer! Oder: Es gibt kein geniales Chaos – auch am Schreibtisch nicht!

Jeder Arbeitsvorgang am Schreibtisch hinterlässt irgendwelche Spuren. Beseitigen Sie diese Spuren nach getaner Arbeit jedes Mal und sofort. Spätestens jedoch abends. Liegen bleiben (allerdings nur ordentlich sortiert) darf bestenfalls, was am nächsten Morgen zur Fortsetzung eines abends unterbrochenen Vorgangs garantiert wieder gebraucht wird. Ansonsten sattelt man am nächsten Tag auf die Hinterlassenschaften des vorhergegangenen Arbeitsvorganges die Hinterlassenschaften des nächsten. Das Ergebnis: Aufgeschlagene Bücher liegen kreuz und quer verteilt, Zettel, Notizen, Kalender, Stifte, Kaffeetassen, Brillen, Briefe und Fernbedienungen, CDs und Zeitungen richten eine heillose Unübersichtlichkeit an.

Manch einer nennt das dann »geniales Chaos! Und das ist ein ebenso großer Blödsinn, wie das Gerede von Amateurköchen vom »genialen Chaos« beim Kochen: Es gibt kein geniales Chaos. Es gibt bestenfalls Genies, die trotz allen Chaos noch erstaunliche Leistungen erzielen können.

Sie jedoch, liebe Leserinnen und Leser, Sie sind keine Genies! Für Sie gilt, was für Millionen andere auch gilt: Per aspera, ad astra! Sie werden sich die Mühen der Selbstdisziplin, der Ordnungsprinzipien, des permanenten Entrümpelns nicht ersparen können, wenn Sie Ihr Leistungspotential, in welchen Lebensbereichen auch immer, abrufen wollen, wenn Sie frei sein wollen vom Ballast des Alltags, wenn Sie durchatmen und wieder Durchblick haben wollen!

ZWISCHENBILANZ
... UND DER WEITERE FORTGANG IHRER PERSÖNLICHEN LEBENS-ENTRÜMPELUNG

Sie haben nun das Entrümpelungs-Prinzip anhand von zwei Beispielen recht ausführlich vorgestellt bekommen. Und wenn Sie sich bis hierher wirklich gnadenlos den drei Gerümpel-Mantras unterworfen haben, mit anderen Worten: Wenn Ihre Mülltonnen draußen zum Bersten gefüllt sind, dann gebührt Ihnen alle Hochachtung. Tapfer, tapfer! Sie sind ein Held! Bzw. eine Heldin!

Wer hingegen das **Prinzip der Gerümpel- und Ordnungs-Mantras** bis hierher immer noch nicht begriffen und verinnerlicht hat, dem ist auch im Wohnraum, im Bad oder im Keller nicht mehr zu helfen. Der wird auch weiterhin um jeden Nippes kämpfen, um jeden Sonderangebotsprospekt von 1998, um jeden kaputten Rasierapparat.

Alle anderen sind auf einem guten Weg, nun auch noch mehr Ballast abzuwerfen. Die bis hierher vorgestellten Beispiele sind nämlich auf alle anderen Räume oder Lebensbereiche ganz einfach übertragbar.

Beim ersten Beispiel, der Küche, handelt es sich um einen Lebensbereich, der sehr stark von handwerklichen Abläufen und von Technik bestimmt ist.

Was für die Küche gilt, gilt auch fürs Bad! Die prinzipiellen Entrümplungs- und Ordnungswahrheiten einer Küche gelten aber auch für das Bad, für einen Hobbyraum, gelten auch für die Garage, für Haushaltsräume, Wäsche- und Bügelkeller und ähnliche Räumlichkeiten, in denen Technik und handwerkliche Verfahren eine Rolle spielen.

Das zweite Beispiel, das Home-Office, ist ein Lebensbereich, in dem mehr administrative Abläufe stattfinden. Hier dienen das Entrümpeln und bestimmte Ordnungsprinzipien der Befreiung vom Papier-Overkill und vor allem der Herstellung von administrativer Übersicht, die dabei helfen kann, Geld zu sparen. Was im Arbeitsbereich gilt, gilt aber auch prinzipiell für den Wohnzimmerschrank mit der CD- oder der Briefmarkensammlung, für den Schreibtisch im Kinderzimmer oder den kleinen Sekretär im Flur.

Das Prinzip ist immer dasselbe! Egal, ob Sie sich nun im Folgenden einen weiteren Raum, sagen wir das Kinderzimmer, vornehmen oder nur ein Möbelstück, sagen wir den Kleiderschrank im Schlafzimmer: Das Prinzip des Vorgehens ist immer dasselbe, und die Mantras sind auf alles übertragbar:

1 – Ausräumen!

2 – Säubern!

3 – Ausmisten! Dabei jedes Teil mit den drei Gerümpel-Mantras auf seine weitere Daseinsberechtigung und seinen zukünftigen Standort checken!

4 – Funktions- oder Themeninseln einrichten und einräumen!

5 – Beim Einräumen beachten: **Nutzfrequenz bestimmt Standort!**

6 – Fortan die beiden **Ordnungs-Mantras beherzigen!**

Wer das in Küche und Home-Office vorgestellte Prinzip beherrscht, wird nunmehr also eigenständig fortfahren können. Gleichwohl soll im Folgenden noch auf einige »Brennpunkte«, auf einige Besonderheiten einzelner Räume oder Raumtypen eingegangen werden. Die folgenden Entrümpelungs- und Ordnungstipps sollen Ihnen exemplarisch dabei helfen, ganz typische Blockaden und Gewohnheiten zu durchbrechen und psychologische Hemmschwellen zu überwinden, die immer wieder an der gleichen Stelle, vor dem gleichen Schrank, vor dem gleichen Regal auftauchen und die in der Lage sind, die besten Vorsätze zu vernichten.

BRENNPUNKT
WOHNRAUM

Kernstück eines Wohnraums ist neben einer Sitzgruppe und der Fernsehstation in der Regel die berühmte und unausweichliche Schrankwand – oder ein entsprechendes Sideboard oder ein entsprechendes offenes Regal.

Nun sollte der Wohnraum – es klingt im Namen ja schon an – wohnlich sein. Doch wie sieht's mit der Schrankwand aus? Bis zum letzten Quadratzentimeter ist sie gefüllt, bis unter die Decke mit Zeitschriften, Spielekartons, Fotoalben (die nur alle zwei Jahre mal das Licht der Welt erblicken), mit Häkelzeug und vor allem mit den guten alten Kristallgläsern von Oma (die nie benutzt werden, weil man sie nicht in die Spülmaschine stellen kann). Die Schubladen sind zum Bersten gefüllt mit abgebrannten Streichhölzern, mit Kerzenstummeln, leeren Batterien und Würfelbechern. Eine solche Schrankwand, die aus allen Nähten platzt, vermittelt einfach kein wohnliches Gefühl.

Dasselbe gilt für das auf dem Fußboden ausgebreitete Meer von CDs und DVDs vor dem Receiver und der Musikanlage, die allesamt keinen Platz mehr im Sideboard oder im Schrank haben, weil der eben restlos überladen ist mit Dingen, die kein Mensch mehr braucht.

Also auch hier gilt es, erst einmal Raum herzustellen, indem man alles überflüssige Gerümpel entsorgt – all den Plunder in den Schubladen, die Kristallgläser von Oma und all die Fotoalben (die in den Keller gehören). Und seitdem sich Ihr Sohn als Rechtsanwalt niedergelassen hat, werden Sie mit ihm voraussichtlich auch nicht mehr »Mensch ärgere dich nicht« spielen – daher ab in die Tonne mit diesem Kracher der Gesellschaftsspiele.

72

Auch Pflanzen können Gerümpel sein! Also alles wie gehabt: Sie beginnen mit dem munteren Ausmisten und Entrümpeln. Das gilt im Übrigen auch für Pflanzen. Auch ein Zuviel an Pflanzen kann die Luft zum Atmen nehmen. Zudem die einzelnen Pflanzen in der Masse ihre Attraktion verlieren, man nimmt die einzelne Pflanze gar nicht mehr wahr. Sie schlucken außerdem viel zu viel Licht und viel zu viel Raum, den Sie doch selbst zum Leben benötigen. Schauen Sie also genau hin: Nicht alles, was da so rumsteht auf der Fensterbank und in den Wohnraumecken ist wirklich noch eine botanische Schönheit – also ab in die Bio-Tonne damit! Spielen Sie den Wohnraumförster!

Handarbeitsutensilien, CDs, DVDs, den Stapel Motorradzeitungen usw. kann man nach der Entrümplung in attraktive Körbe oder bunte Kartonagen verpacken und griffbereit verstauen. Die müssen nie wieder auf dem Boden ihr Dasein fristen. Und mit einem Mal kann man wieder durch den Wohnraum gehen! Nicht waten, sondern wirklich gehen, ohne irgendetwas kaputt zu treten.

Und so bleibt der Wohnraum wohnlich!

Beherzigen Sie für die Erhaltung des entrümpelten Status Quo im Wohnraum einfach die beiden folgenden Schritte:

Schritt eins   Merken Sie sich ein für alle Mal: Ein Wohnraum ist keine Abraumhalde für Handtaschen, Mäntel, Fahrrad- oder Motorradhelme, Handschuhe, Schuhe oder Schultaschen. Wer die Wohnung oder das Haus betritt, möchte also bitte fortan all diese Dinge, die man so gerne im Wohnraum verteilt, um sich anschließend erst mal in den Sessel fallen zu lassen, dort platzieren, wo sie hingehören. (Zweites Ordnungs-Mantra: **Jedes Ding gehört an seinen Platz – immer!**) Man kann sich danach immer noch seufzend in den Sessel gleiten lassen …

Schritt zwei   Was reingeschleppt wird, wird auch wieder rausgeschleppt: Bastelzeug oder Schulsachen der Kinder, das Nagelpflegeset der Gattin oder die Spielekonsole (Controller) von Papi werden von den Benutzern auch wieder dort verstaut, wo sie hingehören! Und zwar wenn man fertig ist mit Basteln, Nägel lackieren oder Counter-Strike! Spätestens jedoch abends – eine halbe Stunde vor dem Essen oder eine halbe Stunde vor dem Spielfilm mit Brad Pitt. Sonst geht's hungrig aufs Kopfkissen. Und von Brad Pitt kann man sich was Schönes träumen.

BRENNPUNKT
KLEIDERSCHRANK
UND GARDEROBE

Es spielt sich so oder ähnlich in den meisten verrümpelten Haushalten ab: Das große Klamotten-Drama!

Erster Akt   Sie kommen nach Hause. Was ist die erste Amtshandlung? Mantel aus! Dann Jackett oder Pulli oder beides. Nur: Wohin damit? Garderobe? Restlos überfüllt! Da hängen Wintermäntel, Jacken, Jacketts und Schals übereinander als hätte sich bei Ihnen der Bundestag zur Sitzungswoche eingefunden. Hat er aber nicht. Sind alles Ihre Klamotten. Also fliegt der Mantel über den Stuhl am Arbeitsplatz (wo noch der Pullover von gestern Abend liegt), das Jackett wird an der Türklinke aufgehängt, der Schal fliegt aufs Sofa.

Zweiter Akt   Sie sind müde. Sie wollen ins Bett. Also entkleiden Sie sich. Womöglich im Schlafraum. Nur: Wohin jetzt mit all den Klamotten, die man noch mal tragen kann, die nicht sofort in die Schmutzwäsche gehören? Wohin mit Hose, Jackett, Schlips, Kleid, Rock, Bluse? Kleiderschrank? Voll! Da passt kein Slip mehr rein! Also wird es da deponiert, wo schon die Klamotten von gestern und vorgestern und vorvorgestern liegen: Über dem Stuhl, neben dem Stuhl, auf dem Boden oder auf der Wäschetruhe. Das sind dann die Wäscheberge, an denen Sie sich jede Nacht auf dem Weg zur Toilette fluchend einen Knoten in die Beine drehen.

75

Das Problem Sie haben zu viele Klamotten! Und hören Sie jetzt sofort auf zu lamentieren! Es ist so. Sie haben einfach zu viel! Und zwar zu viele Klamotten, die Sie überhaupt nicht mehr tragen. Diese Teile verstopfen Ihren Kleiderschrank, verdrängen die aktuell getragenen Kleidungsstücke ins Exil, wo sie sich verknittert über dem Stuhl und auf dem Boden wiederfinden.

Diese Gerümpelkleidung nimmt Ihnen zudem jedwede Übersicht: Vor lauter »Antiquitäten« sehen Sie nicht mehr die Blusen und Hosen, die Sie wirklich noch tragen. Also stehen Sie mindestens dreimal die Woche vor Ihrem restlos überquellenden Kleiderschrank und heulen sich und Ihrem Partner vor: »Ich hab' nichts anzuziehen!«

Die Lösung Entrümpeln natürlich! Zuerst all die kaputten, abgewetzten Kleidungsstücke, für die man sich tatsächlich schämen müsste, sie noch einmal in der Öffentlichkeit zu präsentieren (und die man zu Hause auch seinem Partner nicht mehr zumuten sollte!).

Doch Achtung: Wir betreten jetzt generell schwer vermintes Gelände! Kleidungsstücke zu entsorgen, gehört zu den anstrengendsten Kapiteln.

Eine Bluse kann nämlich emotional unglaublich aufgeladen sein! Was hat man mit dem Teil aber auch bei Männern für einen Schlag gehabt! Wahnsinn! Was war das ein Hingucker, im Sommer! Ja, stimmt gnädige Frau, aber das ist gute 20 Jahre her! Und damals hat ja auch der eine hingeguckt, der, mit dem Sie jetzt verheiratet sind und zwei Kinder haben. Hat ja gewirkt, die Bluse!

Die Zeiten von Miami Vice kommen nie wieder! Aber jetzt mal ehrlich: Mit diesem transparenten Fummel würden Sie heute nie wieder das Haus verlassen! Ist für Ihr Alter dann vielleicht doch mittlerweile ein bisschen gewagt? Also, warum bitte hängt die Bluse da noch auf dem Bügel?

Jacketts können einen gleichermaßen magischen Erinnerungswert aufweisen. Und das war ja damals auch wirklich cool in den Achtzigern: Miami Vice, Crockett und Tubbs, diese irren Bonbon-Farben, T-Shirt und Jackett. Mit diesen Jacketts sind ja damals alle rumgelaufen, die was auf sich hielten. Mit den Klamotten fühlte man sich damals auch in Recklinghausen irgendwie wie in Florida!

Aber: Jacketts mit solchen Schulterpolstern trägt man heute nicht mehr! Ehrlich nicht! Wenn Sie mit diesem Teil morgen ins Büro stolzierten, würden Ihre Kollegen nur wissen wollen, in welchem Fitnesscenter man derzeit noch Anabolika gereicht bekommt und was das für ein Teufelszeug sein muss, dass einem über Nacht solche Schultern wachsen. Also ab in die Kleidertonne damit.

Mit Verstand klappt's   Für die meisten Menschen reicht der Hinweis auf die Vergänglichkeit von Mode und allem, was man mit bestimmten Kleidungsteilen emotional verbindet. Zudem entgegen der oft gehegten Hoffnung Mode eben nie wieder genauso wiederkehrt, wie sie einmal war. Bestimmte stilistische Ähnlichkeiten, ja, die wiederholen sich hin und wieder. Aber in der Regel kehren sie mit anderen Farben, anderem Schnitt, anderen Rocklängen oder Stoffen wieder. Wer vor seinem Kleiderschrank erst einmal den Verstand einschaltet, dem fällt es meist nach einem ersten Anlauf nicht mehr schwer, kräftig auszumisten.

All denen, die dazu noch eine Initialzündung brauchen, sei angeraten, mit einem ersten Kleidungsteil anzufangen und sich nach einer Woche mal zu fragen, ob man das aussortierte Teil wirklich vermisst. Klappt in der Regel!

So, jetzt haben Ihre tatsächlich getragenen Anzüge, Blusen und Röcke wieder einen angemessenen Platz auf Bügeln. Und jetzt können Sie nachts auch wieder ohne Handy und Notrufnummer für Knochenbrüche auf die Toilette. Sie werden nämlich über keine Wäscheberge mehr straucheln müssen. Weil Ihre Stolperfallen jetzt im Schrank hängen!

Tipp: Nicht wegschmeißen, sinnvoll schenken!   Viele Menschen können die Vorstellung nicht ertragen, dass all die Kleidung, für die man doch damals sehr viel Geld ausgegeben hat, einfach auf dem Müll landet. Wer damit ein Problem hat, sollte die aussortierte Kleidung persönlich an einer Sammelstelle für Bedürftige (z. B. Rotes Kreuz, Arbeitersamariterbund) abgeben.

Bedürftige werden sich freuen!   Die Vorstellung, dass die aussortierte Kleidung noch eine Funktion erfüllt und vielleicht sogar jemanden glücklich macht, hat etwas Beruhigendes und erleichtert die Entscheidungsfindung.

BRENNPUNKT
KINDERZIMMER

Ach ja, die lieben Kleinen, Racker sind sie, immer unterwegs, immer kreativ, immer spielen wollen sie, malen, puzzeln, basteln, hin und wieder sogar auch mal Hausaufgaben machen – und zwar alles an einem Tag, und an jedem Tag! Und so sieht dann abends auch das Kinderzimmer aus. Chaotisch!

Es gibt auch im Kinderzimmer kein kreatives Chaos! Auf die Gefahr hin, nun all jene Eltern zu irritieren und ihren Zorn zu provozieren, die ernsthaft glauben, das Durcheinander im Kinderzimmer müsse sein, weil es eben Ausdruck der besonderen Kreativität der kleinen Künstler sei und dass Kinder das entfesselte Durcheinander zur Persönlichkeitsentfaltung bräuchten: Chaos und Unordnung hat – auch im Kinderzimmer – nichts mit Genie und nichts mit Kreativität zu tun.

Es stiftet bei Kindern im Zweifel eher Verwirrung und Desorientierung, weil selbst ein Kind inmitten eines permanenten kunterbunten Wirrwarrs aus tausenden von Teilen nicht in der Lage ist, sich wirklich auf eine Tätigkeit zu konzentrieren. Obwohl Kinder sich konzentrieren wollen und können, beim Spielen und selbst bei den Hausaufgaben, wenn man sie nur lässt. Und das heißt, dafür zu sorgen, dass die Ablenkung durch ein ewig präsentes Chaos beschränkt wird. Und das funktioniert hier wie im Lebensbereich der Erwachsenen nach den gleichen Prinzipien.

Erster Schritt: Die Anzahl der Dinge begrenzen! Kinder müssen nicht alles haben. Wenn z. B. Jonas was hat, was Ihr kleiner nicht hat, aber haben will, weil auch Jonas das hat, dann ist das kein Grund zu kaufen, was Jonas hat, sondern Ihr Kind hin und wieder bei Jonas spielen zu lassen. Ansonsten wird das Kinderzimmer alsbald aus allen Nähten platzen.

Zweiter Schritt: Entrümpeln! Irgendwann ist die Aufnahmekapazität eines jeden Kinderzimmers nicht nur erschöpft, sondern deutlich überschritten. Gehen Sie gemeinsam mit Ihren Kindern die **Gerümpel-Mantras** durch. Lassen Sie die Kleinen selbst entscheiden, wie wichtig ihnen das ein oder andere Spielzeug ist. Sie werden erstaunt sein, wie leichtherzig Kinder sich von Dingen trennen können! Sollten sie erbittert um jedes Teil kämpfen, werden Sie nicht umhinkommen, heimlich zu entsorgen, was Ihnen aus Beobachtung entbehrlich erscheint. Ihre Kinder werden die peu a peu beseitigten Teile überhaupt nicht vermissen.

Dritter Schritt: Neues kommt nur rein, wenn Altes geht! Machen Sie Ihren Kindern unmissverständlich klar, dass sich Wünsche nach einem neuen Spielzeug aus Platzgründen nur dann erfüllen können, wenn sie bereit sind, dafür ein altes Spielzeug zu entsorgen. Hier gilt es, wie in der Kindererziehung überhaupt, besonders konsequent zu sein. Inkonsequenz strafen Ihre Kinder mit der natürlichsten aller Reaktionen: Sie nehmen Erwachsene und das, was sie sagen nicht mehr ernst! Und seien Sie gewiss: Spätestens, wenn Ihr Sohn sich Fußballschuhe wünscht, wird er bereit sein, sich von seinem Rässelchen zu trennen!

Vierter Schritt: Themeninseln – auch hier! Packen Sie Spielzeuge und Bücher nach Themen geordnet in Boxen oder Körbe. Die lassen sich leicht ein- und ausräumen und gut verstauen. Und ordnen Sie gemeinsam mit Ihren Kindern auch deren Arbeitsplatz nach **Themeninseln**.

Es müssen übrigens nicht immer alle Körbe und alle Spielzeuge zur Verfügung stehen. Um eine intensivere und konzentriertere Beschäftigung mit Spielzeug zu fördern, ist auch im Kinderzimmer manchmal weniger mehr. Verstauen Sie also hin und wieder mal eine Spielzeugkiste für gewisse Zeit im Keller.

Fünfter Schritt: Für mehr Konzentration sorgen! Durcheinander machen Ihre Kinder von ganz alleine. Offene Regale, in denen man immer und zu jeder Zeit den bunten Inhalt sieht, haben einen permanent auffordernden Charakter, sich des Inhalts zu bedienen. Geschlossene Schränke hingegen sorgen nicht nur optisch für mehr Ruhe und Konzentration – zum Beispiel für Hausaufgaben. Das gleiche gilt für wild gemusterte Tapeten und Teppichböden, die das Chaos der bunt durcheinandergewürfelten Kleinteile auf dem Boden optisch nur noch verstärken. Suchen Sie also ruhigere Tapeten und Bodenbeläge aus.

Ein letzter Ordnungstipp Machen Sie konsequent zur Regel, dass abends vor dem Zubettgehen aufgeräumt wird **(Ordnungs-Mantras!)**. Liegen all die Spielzeuge auch abends noch offen herum, schreit das ganze Zimmer: »Steh auf, spiel mit mir!« Wie will man bei dem Lärm als Kind zur Ruhe kommen?

BRENNPUNKT
KELLER UND GARAGE

Klassische Stauräume sind Keller bzw. Dachboden und Garage. Stauräume heißen so, weil man in ihnen etwas verstauen kann, was man nicht alltäglich braucht, nicht, weil sie dazu da wären, dass sich in ihnen alles anstaut.

Stauräume sind hochfunktionale Räume, sie sind quasi die Fortsetzung des bewohnten Raumes mit anderen Mitteln. Und als solche werden sie fortan auch behandelt. Also, alles wie gehabt: Ausräumen, sauber machen, mantratechnisch entrümpeln, **Themeninseln** einrichten, einräumen!

Ein Keller/Dachboden ist zum Beispiel eine Heimstatt für Zelte und Campingausrüstung, für die Dia-Ausrüstung, für alte Foto-Alben, Fachliteratur, die man nur ein oder zwei Mal im Jahr braucht, für Wein, für saisonale Sportausrüstung (Skier, Motorradklamotten), für Küchengeräte, die man nur ein oder zwei Mal im Jahr benötigt, für Koffer, Weihnachtsbaumschmuck, Winterkleidung etc.

Stellen Sie funktionale Regale und Schränke auf, in denen diese Teile in Kartons oder anderswie verpackt eingeräumt werden. Und in der Garage finden allein Dinge Unterschlupf, die für das Auto oder die Fahrräder gebraucht werden. Für nichts sonst.

Die drei wichtigsten Stauraumregeln

Erste Stauraumregel Stauräume sind keine Abfallhalden, auf denen man entsorgt, was eigentlich auf den Sperrmüll gehört. Betreten Sie also niemals mit Sperrmüll oder Gerümpel einen Stauraum. Stauräume sind dafür einfach die falsche Adresse.

Zweite Stauraumregel In Stauräumen werden fortan und grundsätzlich nur noch Dinge untergebracht, die auch wirklich noch benutzt werden! Ein Keller ist kein Museum für Erinnerungsstücke!

Dritte Stauraumregel Verlassen Sie (nach der Entrümpelung) grundsätzlich einen Stauraum so, wie Sie ihn vorgefunden haben. Die Einstellung »Das räum ich später weg«, führt unweigerlich zur erneuten Verrümpelung. Sie werden es nämlich nicht später wegräumen. Stattdessen werden Sie beim nächsten Mal wieder irgendetwas rausholen und nach Gebrauch ebenfalls einfach in den Stauraum pfeffern mit dem Vorsatz: »Das räum ich später weg.« Und so weiter. Irgendwann wird Sie einfach nur noch der blanke Horror packen, wenn Sie die Tür zum Keller oder Dachboden öffnen.

Stauräume nicht verrümpeln zu lassen, ist eine Frage des Kopfes! Gehen Sie immer mit dem festen Vorsatz in solche Räume: Er sieht nach meinem Verlassen genauso aus wie vorher!

DIE STARTRAMPEN
DES ALLTAGS

Es ist doch jeden Morgen dasselbe: Die Zeit drängt, im Büro klingelt gleich das Telefon oder die Kollegen warten bereits im Meeting, vorher müssen die Kinder noch zur Schule gebracht werden – und wo ist jetzt der verdammte Schlüsselbund? Und wo ist das Handy? Und die Brille – die hatte doch gestern Abend noch auf dem Schreibtisch gelegen – warum liegt die da jetzt nicht mehr?

Statt morgens geordnet in die Alltagsschlacht zu ziehen, beginnt für viele Menschen der Tag mit Suchen. Und weil es morgens in der Regel sowieso schon ein wenig hektisch zugeht, sucht man unter Zeitnot. Und das bedeutet Stress. Also beginnt für viele Menschen der Tag bereits mit Stress, bevor sie überhaupt das Haus verlassen haben.

Richten Sie Startrampen ein – egal wo! Wann auch immer Sie das Haus verlassen müssen, in der Regel benötigen Sie immer dieselben Kleinteile: Hausschlüssel, Handy, Brille, Sonnenbrille, Portemonnaie, Handtasche, Arbeitstasche, Schulranzen, Pausenbrote etc. Richten Sie für all die Kleinteile des Alltags, die Sie oder Ihre Familienmitglieder alltäglich beim Verlassen des Hauses brauchen, Startrampen ein!

Es ist dabei völlig belanglos, wo diese Startrampen stationiert sind. Der eine startet am Schreibtisch, der nächste in der Diele, der übernächste in der Küche und die Kleinen im Kinderzimmer. Es ist auch gleichgültig, ob Sie die Utensilien aufhängen (Schlüsselbrett) oder in der Diele auf das Sideboard legen oder auf dem Schreibtisch deponieren oder in einem Körbchen irgendwo in einem Regal. Entscheidend ist, dass man beim Verlassen des Hauses alle nötigen Utensilien sofort zur Hand hat.

Bereiten Sie abends den Morgen vor! Diese Startrampen garantieren morgens natürlich nur dann einen reibungslosen Countdown, wenn sie abends bestückt werden. Abends hat man keinen Zeitdruck. Außer mit Ihrem Kopfkissen haben Sie abends keine Termine und auch keine Busfahrpläne zu berücksichtigen. Nutzen Sie also abends vor dem Zubettgehen die Zeit, um den Morgen strategisch vorzubereiten.

- Es beginnt mit dem, was Sie anziehen wollen. Legen Sie abends bereits die Kleidung raus, die Sie am nächsten Tag anziehen wollen, inklusive Hut, Schal, Handschuhen. Nichts ist (auch für die anderen Familienmitglieder) nervtötender als morgens früh hysterisch lamentierend vor dem Kleiderschrank zu stehen und festzustellen, dass die Hose oder der Rock, den man

85

eigentlich anzuziehen gedachte, gerade in der Reinigung oder immer noch in der schmutzigen Wäsche weilt und dass man jetzt komplett umdisponieren muss, weil ja ohne die Hose oder den Rock auch die Bluse und das Jackett, die man eigentlich dazu anziehen wollte, nicht mehr passen!

- Packen Sie auch Ihre Arbeits- und Handtasche abends und deponieren Sie die Tasche an Ihrer persönlichen Startrampe.
- Legen Sie auch alle anderen Utensilien bereits abends gemeinsam auf Ihre persönliche Startrampe.
- Auch Bücher, die Sie auf dem Heimweg abends noch eben in der Bibliothek abgeben wollen, oder die Briefe, die Sie auf dem Weg ins Büro noch einschmeißen wollen etc., all das gehört ebenfalls abends auf die Startrampe.

So bedarf es am Morgen lediglich eines oder zweier Handgriffe und man kann losstürmen!

DIE RÜCKEROBERUNG DER ZEIT

Nervensägen ausbremsen!

WIE MAN UNS DEN ZEITHAHN ABDREHT

Um Himmels willen! Wie soll ich das nur alles schaffen? Sonja, Anfang vierzig, verheiratet, zwei Kinder, halbtags als Arzthelferin tätig, wird nach langer Zeit mal wieder von ihrer langjährigen Freundin Sabine angerufen.

»Hallo Sonja! Lange nichts mehr voneinander gehört!«

»Mensch Sabine, grüß dich. Ja, stimmt. Ewig nichts voneinander gehört.«

»Und? Wie geht's dir?«

»Ach, hör auf! Das willst du nicht wirklich wissen.«

»Oh, ist was passiert?«

»Nee, nee. Nix ist passiert. Alltag! Der Alltag eben. Der frisst mich auf! Du kennst das doch. Morgens um 6 raus aus dem Bett. Schnell mit dem Hund vor die Tür, dann Frühstück für die Kinder. Dann Liesa in die Kita und Jens in die Schule fahren. Ab in die Praxis, Patienten-Elend verwalten, dann Kinder einsammeln, ab nach Hause, wieder raus mit dem Hund, Mittagessen, Hausaufgaben, Jens zum Fußballtraining. Und wenn's nicht Jens ist, dann mit Liesa zum Kinderarzt oder sonst irgendwas.«

»Ja, ja, ich weiß, Sonja, der ganz normale Alltagswahnsinn.«

»Und dann bauen wir ja gerade hinten am Haus noch einen Wintergarten an. Das sieht im Moment aus bei uns. Du machst dir keine Vorstellung! Der ganze Dreck! Tja, abends dann schnelle Küche. Und wenn dann Klaus die Küche saubergemacht hat, das macht er ja, der Schatz, dann geh ich noch ans Bügelbrett. Und in zwei Monaten ist Weihnachten! Also: Wie soll's mir gehen?«

»Ui, da ist 'ne Tasse Kaffee morgen Nachmittag mit mir wohl nicht mehr drin, was?«

»Keine Chance, Sabine. Vielleicht am Wochenende. Obwohl, nee, geht auch nicht. Da hat Klaus die Turnierleitung im Tennisverein: Clubmeisterschaften. Kann einfach nicht ‚Nein' sagen. Und ich muss einkaufen und kochen. Samstagabend kommen Freunde und am Sonntag meine Eltern. Wollen noch mal die Enkel sehen – bevor sie sterben, sagt Mutti immer. Lass uns nächste Woche noch mal telefonieren …«

Zeit ist gerecht verteiltes Kapital Es wird gestöhnt. So oder ähnlich. Überall. Es stöhnen Sonja und Sabine, Hausmann und Hausfrau. Es stöhnen der Selbstständige und die Managerin. Es stöhnen der alleinerziehende Vater und die berufstätige Mutter, Student und Studentin: »Ich habe einfach zu wenig Zeit!« Was bitterernst gemeint ist.

Was aber kalter Kaffee ist. Zwar ist Zeit ein kostbares Gut. Doch Zeit haben alle! Zeit ist vielleicht sogar das einzige Kapital, das, unabhängig vom Kontostand, sozial restlos gerecht verteilt ist. Denn jedem Menschen steht der gleiche Kapitalstock zur Verfügung: Ein Jahr mit 365 Tagen, Tage mit 24 Stunden bzw. 1440 Minuten bzw. 86 400 Sekunden. Weder Konzernvorstände noch Bundespräsidenten haben eine Stunde mehr Zeit am Tag als Sonja. Noch dürfen sie – statistisch – damit rechnen, mehr Tage oder Jahre an Lebenszeit zu haben als der, sagen wir, Sachbearbeiter im Einwohnermeldeamt.

Zeit ist nicht verzinsbar, Zeit ist flüchtig! Es gibt auch keine gerechte oder ungerechte Verzinsung von Zeit. Geld mag sich an den Finanzplätzen von selbst vermehren. Doch an keiner Börse der Welt kann man aus einer Stunde zwei machen.

Zeit ist auch nicht konservierbar wie Marmelade im Weck-Glas. Zeit ist flüchtig. Weg ist weg! Ist eine Stunde abgelaufen, ist sie unwiederbringlich verloren.

Zeit ist auch nicht wiederherstellbar. Film und Weltliteratur spielen mit eben dieser phantastischen Vorstellung immer wieder und gerne: Was wäre, wenn wir die Zeit zurückdrehen könnten? Literatur und Leinwand können das, die Zeit spielerisch zurückdrehen. Wir können das nicht. Weil Zeit weder verzinst noch zurückgedreht oder akkumuliert werden kann, bemisst sich der Wert von Zeit vor allem in der Frage: Was machen wir *mit* bzw. *in* der uns gegebenen Zeit und wie bewerten wir das, was wir in dieser Zeit machen.

Eigentlich müssten wir mehr Zeit haben als früher Dass der zeitgenössische Mensch in unseren Breitengraden Stress, Überbelastung und Zeitmangel beklagt, ist auf den ersten Blick erstaunlich. Denn im Vergleich zu vielen Generationen vor uns, die nicht einmal ein freies Wochenende kannten, wenden wir heute statistisch(!) so wenig Zeit für bezahlte Arbeit auf wie nie zuvor. Auch die Zeit für nicht bezahlte Arbeit (z. B. Haushalt) ist weniger geworden (ca. 10 Prozent). Wir schlafen auch weniger (ca. 1 Stunde täglich) als noch die Menschen Mitte des 20. Jahrhunderts.

Und wir können in nahezu allen Lebensbereichen auf einen umfangreichen Maschinenpark zurückgreifen, der uns (bezahlte oder unbezahlte) Arbeit abnimmt oder erleichtert. Ob Waschmaschine, Aufsitzmäher oder elektrischer Lockenstab, ob EDV, computergesteuerte Fertigung oder Smartphone, es sollten eigentlich alle Arbeitsabläufe effektiver, entlastender, schneller und damit zeitsparender geworden sein.

Moderne Zeiten – moderne Belastungen »Sollte« und »eigentlich«. De facto und auf den zweiten Blick werden die neu geschaffenen Freiräume jedoch durch moderne Zeiträuber wieder gefressen, die alten Belastungen durch moderne Belastungen einfach ersetzt. So wird in vielen Berufen ein immer höheres Maß an Effizienz verlangt, immer mehr und immer komplexere Aufgaben müssen von immer weniger Mitarbeitern erledigt werden. Überstunden sind dann die Regel. Nicht die Ausnahme.

Wer am Ball bleiben will, muss sich zudem permanent fortbilden. Nicht selten geschieht dies neben dem Job – es gibt entspanntere Lebensphasen.

Viele Selbstständige oder außertariflich Angestellte mit überdurchschnittlichem Einkommen brüsten sich (abseits aller Statistiken) nicht selten mit einer 70-Stundenwoche oder mehr. Man hat ja schließlich Verantwortung. Die hat man in der Tat. Und das hört sich auch ungemein wichtig an. Das mündet aber gerne auch mal in ein gepflegtes Erschöpfungssyndrom, was als »Burnout-Syndrom« natürlich sehr viel zeitgemäßer klingt.

Am unteren Ende der Gesellschaft sieht es, ebenfalls abseits aller Statistiken, oft nicht anders aus: Da robbt sich so manche(r) Alleinerziehende(r) mit zwei oder gar drei Jobs durch den Tag, der nicht lang genug sein kann, um sich und die Kinder über die Runden zu bringen. Und das hört sich noch nicht einmal wichtig an.

Da kann man fast nix machen Stress, zeitliche Überanspruchnahme und Atemlosigkeit am Arbeitsplatz – egal auf welcher Hierarchie-Ebene – lassen sich nicht mir nichts, dir nichts abstellen. Überflüssig also, an dieser Stelle wohlfeile Ratschläge zu erteilen, es vielleicht mal mit einem Sabbatical oder einem gepflegten Powernapping am Arbeitsplatz zu versuchen, um den Stress abzuschütteln und frische Energie aufzutanken, wo in der Regel zu erwarten steht, dass Sie mitsamt Ihrer Pritsche auf der Straße wach werden – mit Ihren Entlassungspapieren unter dem Kopfkissen.

Da helfen auch keine noch so gut gemeinten Hinweise auf die neuesten Führungsphilosophien in Japan oder auf die phantasievollen Instrumente aus der Toolbox von Motivations- und Zeitmanagementspezialisten und ihren erfolgreich erprobten Systemen zur Arbeits- und Selbstorganisation.

Wenn die Führungsetage Ihres Unternehmens aus Beton gegossen ist, werden dort keine Blumen der Phantasie und Entspannung blühen. Wer Blumen liebt, sollte also besser den Job wechseln. Die meisten aber arrangieren sich mit dem Beton. Auch wenn er ziemlich hart ist. Und versuchen stattdessen sich jenseits der Arbeit besser zu organisieren, um mehr Zeit für sich und die Familie herauszuschlagen.

Selbst die Goldhamster verlassen das Rad   Doch man möge sich nicht täuschen: Nicht jede Führungsetage ist aus Beton gegossen. In so mancher Managementetage zweifeln immer mehr sogenannte High-Potentials an der Sinnhaftigkeit des Zustandes, dass der Job den größten Teil der Lebenszeit geradezu auffrisst und für kaum etwas anderes Raum lässt. Der Wunsch nach einer neuen Ausbalancierung der privaten und beruflichen Zeitanteile ist deutlich spürbar: »Work-Life-Balance« heißt die neue Zauberformel des Zeitmanagements, die von Führungskräften immer häufiger nachgefragt wird.

Der Trend ist deutlich spür- und mittlerweile auch messbar: Einer Umfrage des Deutschen Führungskräfteverbandes (Union der Leitenden Angestellten, ULA) zufolge wünschen sich knapp 60 Prozent der Befragten mehr Zeit für Familie und Privatleben.

Auch in den Kaderschmieden der Nachwuchsführungskräfte greift eine irritierende Lustlosigkeit an Führungsaufgaben um sich: Für die Jahrgänge zwischen 1981 und 1994, die »Generation Y«, lässt die Strahlkraft von Durchsetzungsgerangel und stressiger Ergebnisverantwortung und der damit einhergehenden Zeitopfer spürbar nach. Die Goldhamster der Wirtschaft beginnen das traditionelle Karriere-Rad zu verlassen.

Immer schön beweglich bleiben!   Zur zeitlichen Beanspruchung durch den Job zählt auch Mobilität als moderne Zeitgeißel. Mittlerweile ziehen nicht nur Führungs- und Spitzenkräfte alle paar Jahre als Job-Nomaden quer durch die Republik, durch Europa oder gar über den Erdball. Weil der entscheidende Karrieresprung nun mal einfach vor Ort nicht möglich ist. Oder weil man einfach auf der Suche nach verlorengegangener, neuer Arbeit ist.

Im Schlepptau der Nomaden: ihre Familien. Jeder Umzug bedeutet erneute, zeitintensive Anstrengung, soziale

92

Netzwerke zu suchen, sich zu integrieren. Manche Familie ruft da den Generalstreik aus. Wochenend-Ehen sind bei dieser Familien-Spezies als Alternative zum Nomadentum sehr beliebt. Wenn man sich das leisten kann. Dann muss Papi jeden Freitagabend in den Flieger. Ab nach Hause. Damit es nicht irgendwann an der eigenen Haustür heißt: »Mama, wer ist der Mann und was will der hier?«

Und natürlich ein Häuschen im Grüngürtel! Und die Sesshaften? Denen Nomadentum und Wochenend-Ehe erspart bleiben? Wo lassen sie sich nieder? Im Häuschen! Oder doch besser im Haus. Mit richtig viel Zimmern. Und mit Garten und viel Auslauf. Also ein Haus im Grüngürtel. Klar, wegen der Kinder. Und wegen dem Hund! Ein bisschen auch wegen der Grundstückspreise da draußen.

Und dann klemmen sich Papa und/oder Mama jeden Tag Stunde um Stunde hinters Lenkrad, um die Kinder treusorgend in der Umgebung zu verteilen (Schule, Sportverein, Freunde) und irgendwann wieder einzusammeln. Und vor allem stehen sie jeden Morgen im Stau, um dahin zu kommen, wo man das Geld verdient, das man braucht, um das Haus da draußen im Grünen abzubezahlen. »Wohnen Sie noch oder leben Sie schon?«

Schöne neue Klingel-Welt Handy, Laptop und Smartphone stehen auch nicht im Verdacht, zur Entschleunigung des Lebens beizutragen. Sie peitschen im Gegenteil Hinz und Kunz unter das allgegenwärtige Diktum der permanenten Verfügbarkeit. Nur die wirklich wichtigen Menschen wissen noch, wo der Designer den Ausknopf angesiedelt hat. Und sie verschanzen sich zusätzlich hinter einem ebenso altmodischen wie effektiven Bollwerk gegen banale Belästigung: »Sekretariat« nennt man dieses Bollwerk.

Der ganze Rest der Menschheit simst, mailt und schwadroniert in Handys und Headsets, als gäbe es kein Morgen mehr. Warum? Weil es geht. Eine Hierarchie der Wichtigkeit übermittelter Meldungen oder Fragen gibt es kaum noch. Gefragt und mitgeteilt wird einfach alles. Und darunter leiden alle. »Muss nur noch 148 Mails checken, danach fliege ich zu dir!«

Diese Kommunikationsmonster lassen keine Leerläufe mehr zu. Die Grenzen zwischen Freizeit und Arbeit verschwimmen. Kein Wochenende ohne Bildschirm (148 Mails checken!), keine Zugfahrt ohne Laptop, kein Urlaub, in dem nicht das permanent scheppernde Handy alle Strandnachbarn entnervt auf die Palme jagt.

Auch Nervensägen sind Zeitpiraten!   Apropos »auf die Palme jagen«: Das können nicht nur Handys und Smartphones. Das können auch Menschen. Jene persönlichkeitsgestörten Nervensägen, die einem den letzten Nerv und vor allem jede Menge Zeit rauben. Zeitpiraten gleich segeln sie einem in den verschiedensten Situationen über den Weg, entern uns brutal wie ein Frachtschiff und bemächtigen sich der kostbaren Ladung: unserer Zeit!

Ob es die »Könntest-du-das-mal-für-mich-gerade-erledigen-Kollegen« sind, die »Ich-bleib-nur-auf-einen-Kaffee-Bekannten« oder die »Dürfte-ich-Sie-mal-gerade-sprechen-Nachbarn« – sie zu umschiffen oder ihnen den Enterhaken aus der Hand zu schlagen, bevor sie an Bord springen, will gelernt sein. Die meisten Menschen fühlen sich diesen Zeitpiraten jedoch hilflos ausgeliefert und ergeben sich widerstandslos.

Das selbst gemachte Freizeit- und Alltagschaos   Es gibt also jede Menge lästige Parasiten, große und kleine, die an unseren Zeitkonten nagen. Ein Teil drängt sich ungefragt auf, lässt sich nicht einfach abschütteln.

Einen Teil der Zeitparasiten haben wir uns aber selbst in den Pelz gesetzt. Und wir füttern sie unbewusst, aber leidenschaftlich jeden Tag aufs Neue an. Ganz vorne steht da die tendenziell komplette Durchökonomisierung auch der Freizeit. Der Tango-Tanz-Kurs zum Beispiel, in der Kulturfabrik in der City, der ist echt super. Nur, da muss man abends eben noch mal reinfahren in die Stadt. Und das ist jedes Mal eine dreiviertel Stunde. Hin. Zurück natürlich auch.

Und auch das Tennis-Mannschaftstraining zweimal die Woche und die Wettkämpfe am Wochenende – klar, das braucht man einfach, die Bewegung. Zum Ausgleich für die ganze Sitzerei im Büro. Der Literaturkreis im Gemeindehaus der Siedlung ist allerdings eher was für die Bildung. Ein bisschen was für den Geist will man ja auch tun. Da reicht die Theater-AG in der Studiobühne nicht aus.

Und die lieben Kleinen ...   Klar, die Kinder kommen auch nicht zu kurz. Irgendwie bekommt man das alles hin, das mit dem Gitarrenunterricht und dem Fußballtraining und dem Badminton und dem Kindertanzen. Alles besser, als dass sie als Nerds am Bildschirm verkommen.

Schade nur, dass die Freundin, diese beste aller Freundinnen, die unser Prinzesschen noch aus dem Sandkasten kennt, mitten in der Stadt lebt, da, wo man damals weggezogen ist, wegen dem Häuschen im Grünen. Da ist man mit dem Auto echt lange unterwegs. Aber die haben sich einfach soooo lieb. Da kann man doch nicht »Nein« sagen!

... und der Garten und der Hund ... und Klaus   Gut, der Garten sieht phasenweise eher wie ein riesiger Komposthaufen aus. Und dass der Hund den Komposthaufen da draußen regelmäßig düngt, muss man ihm

95

auch irgendwann abgewöhnen. Aber im Moment findet einfach keiner Mal Zeit, mit ihm in den Wald zu laufen. Auch Klaus nicht. Der geht zwar nach dem Job jede freie Minute in den Wald. Und der läuft da auch. Trainiert aber für den nächsten Stadtmarathon. Das würde den Hund umbringen. Hält der nicht mehr durch. Zu alt!

Die Wäsche wäscht sich aber nicht allein Viele Menschen sind geradezu getrieben von dem Lebensgefühl, um Himmels willen nichts verpassen zu dürfen. Nur keinen Leerlauf! Die Atemlosigkeit der Berufswelt setzt sich also nahtlos hinter der Haustür fort. Und entfaltet eben dort bisweilen eine vergleichbar verheerende Wirkung wie in den Burnout-Etagen der Bürohochhäuser.

Selbst die Frauen – es sind in der Regel Frauen –, die sich »allein« um Familie und Haushalt kümmern, weisen mittlerweile Stressparameter und medizinische Risikowerte auf, die sie zu Premiumkandidaten für die klassischen Herzkreislauferkankungen machen.

Denn Tennis hin und Tango her, die Wäsche wäscht sich nicht allein, und leise rieselt der Staub aus dem Regal, wenn nicht Mutti hin und wieder mit dem Mob wedelt. Ein Fulltime-Job: Wer einen Haushalt mit Kindern führt, managt ein kleines, feines Familienunternehmen. Nur leider ohne das entsprechende Gehalt.

Einfach mehr Zeit haben – wie geht das? Ob Freiberufler, Alleinerziehende(r), ob Vollzeit- oder Halbtags-Erwerbstätige(r), ob Hausfrau oder Hausmann: im privaten (Familien)Alltagsmanagement gibt es unterschiedlich große Spielräume, sich Zeit freizuschaufeln, die bis dahin noch verschüttet war und sich besser verwenden ließe.

Wie das geht? Alltagsmanagement ist letztlich allein eine Frage der Organisation, der Planung, der richtigen Einstellung zur aktuellen Lebenssituation, der richtigen Strategie gegen all die Nervensägen und Zeitpiraten, der Gelassenheit und von Fall zu Fall auch der gezielten Reduktion von überflüssigem Ballast.

Sie werden im Folgenden jede Menge von im Alltag kampferprobten, einfach umzusetzenden Tipps erhalten, die Ihnen helfen können, den (Familien)Alltag deutlich zu entspannen. Welche Tipps für wen die größte Effizienz aufweisen, ist natürlich abhängig von der individuellen Startposition. Nicht alle Haushalte haben ja die gleichen Probleme. Abgesehen von dem einen, dem entscheidenden Problem: Sie haben zu wenig Zeit! Sonst würden Sie nicht diese Zeilen lesen.

Und wofür das alles? Wozu man im einzelnen Fall mehr Zeit haben möchte, was man also mit der neu gewonnenen Zeit anfängt, muss jeder selbst entscheiden.

Die meisten Menschen haben ebenso profane wie nachvollziehbare Ziele: Man will einfach mal wieder in der Hängematte liegen und bedeutungslos vor sich hindösen. Man will mit den Kindern mal wieder ins Freibad gehen und ihnen zeigen, was eine richtige »Arschbombe vom Einer« ist. Man will vielleicht auf dem Golfplatz einfach mal eine volle und nicht nur immer eine halbe Runde drehen. Man will vielleicht mal wieder in die Sauna oder öfter mal mit Freunden um die Häuser ziehen. Man will vielleicht – umgekehrt geht ja auch – mehr Zeit darauf verwenden, seine Karriere mit privaten Fortbildungen zu befeuern. Oder man will mit seinem Schamanen im Body-Soul-Zentrum drei Mal die Woche Traumfänger knüpfen.

Die Zielvorgaben können also ganz unterschiedlich sein. Und die meisten Menschen wissen ziemlich genau, wo es kneift. Ihnen kann geholfen werden: Einfach weiterlesen!

PLÄDOYER FÜR MEHR GELASSENHEIT

Ist das wirklich alles wichtig? Bevor wir zu den praktischen Organisationstipps zur Bewältigung des Alltags kommen, noch ein ganz wichtiger und grundsätzlicher Ratschlag. Der lautet: Gönnen Sie sich mehr Gelassenheit! Und zwar im Hinblick auf die Frage nach der tatsächlichen Notwendigkeit vieler alltäglich verrichteter Tätigkeiten. Aber auch im Hinblick auf das Werteraster, mit dem unsere Gesellschaft den Wert bzw. die Verwertung von Zeit definiert.

Ein Exkurs zu den Traditionen unserer Zeitbewertung Mehr Gelassenheit einzufordern ist leichter gesagt als getan. Denn die Kräfte und Einflüsse, die Automatismen und Traditionen, denen wir ausgesetzt sind und die unsere Bewertung von Zeit und von dem, was wir mit ihr anstellen, beeinflussen, sind mächtig. Und sie entfalten ihre Kraft eher im Unterbewussten, werden im Alltag kaum noch hinterfragt. Was sie noch mächtiger macht, weil man ihren Einfluss kaum wahrnimmt.

Deshalb sei an dieser Stelle ein kurzer Exkurs erlaubt, ohne zu tief in die komplexe Materie einzusteigen, die individuelle, historische, wirtschaftliche und nicht zuletzt sogar religiöse Wurzeln hat. An dieser Stelle sollen die Basics reichen. Sich dieser bewusst zu werden, kann allerdings schon sehr hilfreich sein, bei der Neu- und Selbstbestimmung von Zeit im Familienalltag.

»Das haben wir immer so gemacht!« Individuelle Traditionen sind mächtige Zeiträuber! Es gibt viele Dinge, die in einem Haushalt, vor allem mit Kindern, tagtäglich erledigt werden müssen. Keine Frage. Aber: Es gibt auch sehr viele Dinge in einem Haushalt, die eben nicht erledigt werden müssen oder doch wenigstens nicht so oft, wie es im Einzelfall geschieht. Der Grund können alte Familientraditionen sein, die von der Elterngeneration vorgelebt und als Maßstab ungefragt übernommen worden sind. Mutti hat damals eben nicht nur Blusen und Hemden, sondern auch Unterhosen gebügelt. Also plättet auch ihre Tochter Schlüpfer, Shorts und Slips. Nur: Mutti hatte damals keinen Halbtagsjob wie ihre Tochter. Mutti musste damals ihre Kinder auch nicht viermal in der Woche durch die Weltgeschichte fahren, damit die lieben Kleinen sich kulturell und körperlich ertüchtigen.

Individuelle Gewohnheiten auch! Neben solchen Traditionen, die von Generation zu Generation weitergegeben werden, können auch neue, unter großzügigeren Lebensumständen eingeschliffene Gewohnheiten irgendwann zum Klotz am Bein werden. Damals, als noch keine Kinder da waren, haben Sie zum Beispiel einmal die Woche die Fenster geputzt und die Garage gefegt. Jetzt sind aber Kinder da! Unüberhörbar und unübersehbar. Selbst durch nicht geputzte Fenster! Und jetzt müssen Sie auch dazuverdienen, weil: Für Kinder war die alte Wohnung zu klein. Die neue aber ist deutlich teurer. Da langt ein Gehalt nicht mehr.

Die entscheidende Frage: Muss das sein? Also: Stellen Sie mal einen Monat tagtäglich alles, was Sie im Haushalt tun, in Frage! Müssen Unterhosen gebügelt werden? Geht es nicht auch ohne? Sieht doch außer Ihnen und Ihrem Ehepartner keiner. Und wenn doch, dann haben Sie noch ganz andere Probleme als ungebügelte Unterhosen oder Schlüppis!

Und kann man nicht auch nur alle vier Wochen die Fenster putzen? Wer sieht, dass die nicht geputzt sind, wenn nicht gerade der Sahara-Wind in Ihrer Stadt die kollektive Erblindung aller Fenster erwirkt hat?

Und kann die Garage nicht auch mal ein ganzes Jahr ungefegt bleiben? Oder hat Ihr Auto schon jemals aus Protest gegen ein bisschen Straßendreck oder Streugut die Nachbarschaft wütend zusammengehupt?

Also: Bleiben Sie cool, bleiben Sie gelassen! Vieles ist in der Güterabwägung nicht wirklich wichtig. Im Alltagsgeschäft verliert man häufig die Distanz zu all den Tätigkeiten, hinterfragt ihren Sinn und ihre Funktion nicht mehr. Viele Aufgaben verselbstständigen sich so und rauben unnötig Zeit, die Sie sehr viel besser nutzen können.

»Zeit ist Geld!« Die kapitalistische Eroberung der Freizeit Die oben (s. S. 95) angesprochene, oftmals selbst vorgenommene Durchökonomisierung auch der Freizeit folgt natürlich ein Stück weit auch dem Regelwerk unserer Wirtschaftsideologie, die auf Wertschöpfung, auf Effizienz und Produktivität ausgerichtet ist. Zeit ist in diesem Koordinatensystem ein ganz entscheidender Faktor. Zeit muss produktiv genutzt werden, jede Stunde, jede Minute, jede Sekunde.

Dieses Bewertungsmuster von Zeit hat sich in Europa mit dem ausgehenden Mittelalter erst über die Religion (Calvin, s. u.), dann über die Aufklärung im 18. Jahrhundert und schließlich mit dem Exportschlager der arbeitsteiligen Industrialisierung nahezu weltweit durchgesetzt.

Und dieses Bewertungsmuster von Zeit hat natürlich auch den privaten Raum erobert. Auch die eigentlich gegenteilig apostrophierte Frei(!)zeit will produktiv genutzt sein. Wer seine Freizeit nicht mit Aufgaben oder (Haus)Arbeit füllt, steht im Verdacht, faul und unnütz zu sein – der Sündenfall schlechthin in einer auf Produktivität ausgerichteten Gemeinschaft. »Der hat wohl zu viel Zeit!«, heißt es dann.

Nicht wenige Menschen wollen sich dieser Stigmatisierung entziehen, achten peinlich darauf, nach außen immer als geschäftig zu erscheinen. Selbst Rentner. Und selbst wenn sie eigentlich nur in der Sonne sitzen wollen. Tagelang. Einfach nur so. Und das eigentlich auch könnten.

Wir alle sind Calvins Erben Auch wenn wir uns dessen nicht mehr bewusst sind, aber das Bewertungsmuster von Zeit wurzelt in Teilen noch in religiösen Traditionen aus dem 16. Jahrhundert. Der Calvinismus (benannt nach dem französischen Reformator Johannes Calvin, der in Genf agitierte) als besonders sittenstrenge Spielart des Protestantismus steckt uns allen noch in den Knochen.

Der Calvinismus forderte von den Menschen eine tugendhafte Lebensführung, zu der Disziplin, Sparsamkeit und Genügsamkeit, vor allem aber maßloser Fleiß gehörte. Zeitvergeudung wurde als die schlimmste Sünde propagiert. Arbeit galt als der von Gott vorgegebene Selbstzweck des Lebens, wirtschaftlicher Erfolg als Zeichen für den Gnadenstand.

Mit diesen ethischen Normen, die europaweit erheblichen Einfluss hatten, asphaltierte der Calvinismus den Weg in die industrielle Revolution und in den modernen Kapitalismus. Und auch wenn sich kaum noch jemand an Calvin und seine Glaubenslehre erinnert, so dürfen wir sicher sein: Ordnungssysteme, die mit dem psychischen Grundmuster von Sünde (Zeitvergeudung, Muße) und Erlösung (Arbeit + Erfolg = Gnadenstand) spielen, graben sich tief in das kollektive Gedächtnis, auch wenn sich der Ursprung irgendwann im Lauf der Geschichte verwischt.

Jetzt aber sind wir selbst verantwortlich Seit der Aufklärung im 18. Jahrhundert haben Vernunft und Wissenschaft die Religion eines Großteils ihrer Wirkungsmacht beraubt. Doch mit dem Rückzug der religiösen Deutungshoheit über das Leben ging auch ein Verlust all der tröstenden Jenseits-Verheißungen einher. Ohne Gott kein Paradies!

Seit dem Wegfall religiöser Bevormundung und »göttlicher Vorbestimmung« des individuellen Schicksals sind wir also selbst für unser »paradiesisches« Glück zuständig – und zwar hier auf Erden. Hier und vor allem: jetzt! Und die entsprechende Erweckungsliteratur sowie eine Flut von Magazinen suggeriert uns, dass man in der Tat *alles* haben kann, wenn man nur will.

Und das haben wir davon Das paradiesische Glück in Selbstverantwortung und im Hier und Jetzt fordert uns allerdings einige Anstrengung ab. Denn die Freiheit, alles haben zu *können,* missverstehen viele Menschen im Sinne von alles haben zu *müssen.* Die Werbung zeigt praktischerweise allgelegentlich an, was man haben will. Nein, haben *muss.* Und eigentlich muss man alles haben: »Mein Haus, mein Pool, mein Auto, meine Yacht, mein Pferd, meine Kinder!«

Da stellen sich Fragen Alles haben zu wollen heißt aber, sich permanent zu fragen, ob man zum Erreichen der Ziele auch wirklich alles getan hat. Ob man sein Potential wirklich voll ausgeschöpft hat. Haben wir uns also genügend fortgebildet? Haben wir jede Chance auf den nächsten Karrieresprung genutzt? Haben wir heute genug gearbeitet? Brauchen wir wirklich Urlaub? Sind wir mobil und fit genug? Und wie steht es um das Potential unserer Kinder? Bieten wir ihnen genug Bildung, genug Bewegung, genug musische Ausbildung?

Was wirklich zählt Nicht wenige Menschen gleiten so in einen Zustand der permanenten Selbstüberforderung. Maß und Mitte geraten aus den Fugen. Arbeits-

und Freizeit geraten so zu einer permanenten Hast, das Vakuum der Möglichkeiten zu füllen. Bis das Maß voll ist. Bis man keine Zeit mehr hat.

Doch – auch unter Berücksichtigung aller individuellen Unterschiedlichkeit der Temperamente – entspricht das der Natur des Menschen? Entspricht das Ihren individuellen Bedürfnissen und Neigungen? Ist das Sich-selbst-Vergessen beim Spielen mit den eigenen Kindern, ist das hin und wieder besinnungslose vor sich hindösen, ist die Beschäftigung mit etwas um seiner selbst willen, ist die zeitaufwändige(!) Pflege von Freundschaften, ist die intensive und zeitaufwändige(!) Zuwendung zum Partner – ist das verlorene Zeit?

Nein, das sind die Streicheleinheiten für die menschliche Seele. Weil der Mensch hin und wieder einfach (Aus)Zeiten für sich selbst benötigt. Und weil der Mensch ein soziales Wesen ist und diese Streicheleinheiten des sozialen Miteinanders braucht wie ein Fisch das Wasser. Und genau das ist es, was den meisten Menschen, die darüber stöhnen, dass sie keine Zeit haben und nicht wissen, »wie sie das alles schaffen sollen«, vermissen.

Statistik gefällig? Einer repräsentativen Studie aus dem Jahre 2012 zufolge bezeichnen über 80 Prozent der befragten Menschen eine Familie, die viel Zeit miteinander verbringt, als ihr persönliches Ideal. De facto haben jedoch bestenfalls 28 Prozent der Befragten Erwachsenen ausreichend freie Zeit für ihre Familie.

In eben dieser freien Zeit können zudem immer weniger Menschen wirklich entspannen – eine Grundvoraussetzung für ein gedeihliches Miteinander. Besonders in Teilzeit beschäftigte Mütter haben erhebliche Probleme, Haushalt, Kinder und Beruf zu bewältigen. 55 Prozent gaben an, in der Freizeit nicht mehr entspannen zu können. Auch knapp 50 Prozent der berufstätigen Väter haben damit offenkundig Probleme. Was u.a. damit zusammenhängt, dass 30 Prozent der Befragten auch nach Feierabend noch arbeiten oder für Kunden und Vorgesetzte erreichbar sein müssen. Weshalb auch gut 44 Prozent der Befragten eine Stunde geschenkte Zeit erst einmal für sich selbst verwenden würden. Den größten Bedarf an Zeit für sich selbst haben Frauen zwischen 45 und 59 Jahren: zwei Drittel würden eine zusätzliche Stunde mit sich allein verbringen wollen.

Stellen Sie Ihr Werteraster auf den Prüfstand – und üben Sie sich in Gelassenheit Der erste Schritt, um mehr Zeit zu gewinnen, besteht folglich in einer ehrlichen Bestandsaufnahme aller Tätigkeiten und Verpflichtungen, für die Sie verantwortlich sind bzw. sich verantwortlich fühlen. Stellen Sie alles auf den Prüfstand! Auch die anvisierten Ziele, die Ihren zeitraubenden Beschäftigungen zugrunde liegen.

Müssen Sie also wirklich diese zweijährige Fortbildung absolvieren, damit sich die Chancen auf eine Übernahme in die Geschäftsführung erhöhen? Damit Sie sich dann endlich alle zwei Jahre den neuesten SUV (Sport Utility Vehicle, dtsch.: Geländelimousine) aus Ingolstadt, München oder Stuttgart vor die Tür stellen können? Und damit Sie sich das Haus im Grünen leisten können, um zu zeigen wer man ist? Und was man hat?

Müssen Sie neben all den Freizeitaktivitäten wirklich auch noch den Jugendwart im Fußballverein spielen? Und sind Sie wirklich der Meinung, dass Ihr Sohn ein besserer oder besonders leistungsfähiger Mensch wird, wenn man seine Jugend mit Musikunterricht, Sporttraining und Fremdsprachenfortbildung zupflastert? Statt ihn einfach mal im Sandkasten spielen oder im Wald »Buden« bauen zu lassen. Fragen Sie mal Kinder- und Jugendpsychologen, was die davon halten!

Und glauben Sie wirklich, dass Sie sich für ein Wochenende in der Hängematte rechtfertigen müssen, wo doch eigentlich der Gartenzaun mal gestrichen werden müsste?

Finden Sie wieder Maß und Mitte! Werden Sie gelassener im Umgang mit der Bewertung von Aufgaben und Verpflichtungen. Und besinnen Sie sich auf die einfache Lebensformel: Weniger ist oft mehr!

EIN EXKURS ZU DEN MENSCHLICHEN VERANLAGUNGEN

Angesichts der ungeheuren Bandbreite menschlicher Fähigkeiten, Veranlagungen und Talente und deren Mischformen verbieten sich Schubladen, in die man Stereotypen ablegt, redlicherweise von selbst. Einerseits.

Andererseits hilft verbieten ja auch nicht weiter. Und warum sollten wir an dieser Stelle redlicher sein als die gesamte Unterhaltungsindustrie, die ohne Stereotype keine einzige Komödie zuwege bringen könnte. Dramen im Übrigen auch nicht.

Also öffnen wir die zwei für die Organisation des Lebens relevanten Schubladen und schauen uns die beiden Stereotype genauer an.

Linkshirner und Rechtshirner   In der ersten Schublade befinden sich die Rechtshirner, in der zweiten die Linkshirner. Man könnte auch sagen: In der einen Schublade liegen die kreativen Voll-Chaoten, die gerne auch mal in der Hotel-Lobby spontan ihren Namen tanzen, in der anderen liegen die restlos amusischen Organisatoren, die kalten Vollstrecker von Ablaufplänen, die glauben, dass insgeheim eine Excel-Tabelle die Welt in ihrem Innersten zusammenhält.

Diese Einteilung folgt den Erkenntnissen der Hirnforschung, denen zufolge das menschliche Gehirn in eine linke und eine rechte Hemisphäre aufgeteilt ist, in denen jeweils unterschiedliche Fähigkeiten angesiedelt sind. Die linke Seite ist für das abstrakte Zahlenwerk zuständig, für analytisches Denken mit einem klaren Zeitbezug, für die Ratio, für Daten, Bilanzen – und für Fakten, Fakten, Fakten. In der rechten Hirnhälfte ist eher die Intuition beheimatet, das räumliche, bildhafte, also nonverbale Denken, Gefühle und Kreativität und vor allem: Spontaneität ohne Zeitbezug.

Der Gehirnhälften-Check: Von welcher Hirnhälfte werden Sie dominiert? Je nachdem, von welcher Gehirnhälfte das Individuum Mensch eher gesteuert wird, desto mehr typische Verhaltensmuster weist der betreffende Mensch auf. Natürlich gibt es die reinen Stereotypen im real existierenden Alltag nur sehr selten. Die Regel sind eher Mischtypen, die von der einen Hirnhälfte tendenziell etwas intensiver gesteuert werden als von der anderen.

Doch zur Selbsterkenntnis bietet sich ein Abgleich der eigenen Verhaltensmuster mit dem Verhaltenskanon der Stereotypen geradezu an. Vergleichen Sie Ihr eigenes Verhalten mit den folgenden Verhaltensstandards von typischen Rechts- und Linkshirnern und Sie werden sehr schnell eine Tendenz feststellen, zu welchem Typ Sie gehören:

106

Typische Verhaltensmuster eines Rechtshirners:	Typische Verhaltensmuster eines Linkshirners:
Lässt Pinsel und Lackdose genau da, wo sie sind, und straft den ungestrichenen Gartenzaun mit kaltschnäuziger Nichtbeachtung, wenn doch gerade die Sonne scheint und eine Hängematte zur Tiefenentspannung einlädt (man weiß ja nicht, ob die Sonne morgen auch noch mal scheint).	Lackiert den Gartenzaun, weil er an diesem Samstag lackiert werden sollte. So war es abgesprochen. Und so steht's auch im Kalender. Die Sonne scheint morgen auch noch mal. Wenn nicht morgen, dann nächstes Jahr. Bestimmt!
Nimmt die Prozessvisualisierung und die Balkendiagramme der Powerpoint-Präsentation aufmerksam zur Kenntnis, trifft die Entscheidung aber aus dem Bauch heraus – und liegt damit sehr oft richtig, weil Intuition und Erfahrung manchmal sehr viel verlässlicher sind als alle Tabellen und Bilanzen dieser Welt.	Die Zahlen und Daten lassen nur einen analytischen Schluss zu: Die gesamte Produktionsabteilung muss geschlossen werden! Was das Unternehmen in Zukunft dann verkaufen soll, war nicht die Frage.
Wundert sich, dass die Schere tatsächlich an dem Haken hängt, wo sie hingehört und dass man in der Schublade für Schreibutensilien tatsächlich einen Kugelschreiber findet.	Warum sollte die Schere woanders hängen als da, wo sie immer hängt?
Ist in der Lage, aus dem Stand ein Höchstmaß an Flexibilität unter Beweis zu stellen, wenn sich Widerstände auftun: Um eine Tüte Milch aufzuschneiden muss es ja nicht die Schere sein, wenn die wieder mal nicht da hängt, wo sie hängen sollte. Ein Messer tut es ja auch. Aber eigentlich will ich sowieso keine Milch trinken!	
Kann ein ganzes Tagesprogramm planerisch mühelos in eine Stunde packen.	Kann in einer Stunde einen Wochenplan generalstabsmäßig und auf die Minute genau erstellen.
Ist bestenfalls ein wenig irritiert, wenn nur ein 24stel der Planung in der betreffenden Stunde Realisierung findet. Bleibt ansonsten aber fröhlich.	Regt nach einer Fehlplanung bei seinem Hausarzt die Einweisung in eine geschlossene Abteilung an. Der Arzt erklärt den Linkshirner jedoch für verrückt.
Kann aus dem Stand ca. zehn Antworten auf die einfache Frage geben, wie man von A nach B kommt. Kann sich aber irgendwie für keine Variante entscheiden. Fährt los. Unterwegs wird mehrfach die Route gewechselt.	Gibt eine Antwort. Fährt los. Kommt an.

Muss für sieben Uhr zum Candle-Light-Dinner im »Rossini« eingeladen werden, wenn man um acht Uhr mit einem Aperitif am Tisch sitzen will.	Hat um acht zum Candle-Light-Diner ins »Rossini« geladen, ist um acht da, wartet bis viertel vor neun, bezahlt dann seine drei Cocktails, bestellt ein Taxi und fährt frustriert nach Hause.
Pflastert jedes Möbelstück mit gelben Post-its, auf denen steht, was to-do ist.	Hat alle Termine in untereinander synchronisierten elektronischen Terminkalendern auf Smartphone, Tablet, Laptop und Bürorechner abgelegt.
Steht vor dem Auto, wundert sich nicht, dass der Autoschlüssel nicht auffindbar ist … und findet Zu-Fuß-Gehen sowieso viel gesünder.	Steht vor dem Auto, schließt auf, fährt weg.
Hat regelmäßig den gleichen Albtraum: Beim Betreten der Check-in-Halle hebt der gebuchte Flieger gerade ab.	Hat seinen Albtraum geheiratet: eine(n) Rechtshirner(in).
Ruft im Kindergarten an und bittet die Kindergärtnerin, man möge das weinende Kind noch ein klein wenig vertrösten. Man habe leider den Flieger verpasst.	Holt das Kind pünktlich ab.
Wundert sich, dass Vorräte endlich sind (vor allem, wenn nicht irgendein Linkshirner für Nachschub sorgt).	Prüft anhand einer Checkliste vor dem allsamstäglichen Wocheneinkauf, ob noch genug Klopapier und Kaffee etc. im Haus sind.
Kann sich von der kaputten Kaffeetasse einfach nicht trennen, weil das ein Erbstück von Tante Martha ist.	Schmeißt die Tasse von Tante Martha weg. Weil die kaputt und Tante Martha seit 30 Jahren tot ist. Versteht das anschließende Theater um die kaputte Tasse und die tote Tante nicht.

Rechtshirner – kreativ und unberechenbar   Rechtshirner sind tendenziell natürlich irgendwie interessanter. Ob im Job oder privat: Ist die schnelle und kreative Feuerwehr gefragt, lass einen Rechtshirner ran – dem fällt was ein! Und damit keine Missverständnisse aufkommen: Es gibt Arbeitsplätze, an denen nur(!) Rechtshirner überleben!

Bei einem Rechtshirner ist also tendenziell immer was los. Da ist viel spontane Freude. Und Gelassenheit. Rechtshirner wissen zu leben, lassen Fünfe auch mal gerade sein, holen das Leben spontan da ab, wo es gerade ist, immer nach dem Motto: Genieße den Tag, die Stunde, die Minute – wenn es nur irgendwie geht.

Da ist natürlich manchmal auch ein wenig Panik, weil jeder Rechtshirner immer wieder feststellt, dass der Tag nur 24 Stunden hat. Mit einem Rechtshirner kann man auch vor jeder Entscheidung so viele Alternativen abwägen, bis eine Entscheidung unmöglich erscheint. Ein bisschen balancieren Rechtshirner deshalb immer auch am Rande des – unterschiedlich tiefen – Abgrunds.

Mit anderen Worten: Wo Rechtshirner agieren, ist wenig Plan, dafür mehr Leben. Mit allen Hochs und Tiefs. Deshalb sind Rechtshirner in der Regel, na, sagen wir … irgendwie liebenswert. Jedenfalls wenn man genügend Abstand zu ihnen hält.

Linkshirner – quadratisch, praktisch, langweilig Linkshirner hingegen kommen oft ein wenig seelenlos daher. Das sind in der Regel die langweiligen Abwickler. Sie sind die Könige der Zahlen und die Kaiser der präzisen Ablaufpläne, des mathematisch berechenbaren Managements. Sie setzen beruflich wie privat auf Pläne, auf die Synchronisierung und Vorhersehbarkeit von Abläufen, ja selbst von Kommunikation, damit es nach Möglichkeit keine bösen Überraschungen gibt. Denn mit Überraschungen können sie wenig anfangen. Es sei denn, sie hätten einen Notfallplan. Und am besten noch einen weiteren Notfallplan für den Notfall, dass der erste Notfallplan nicht zieht.

Das spontane, kreative Zusammennähen von Rettungsschirmen im freien Fall ist ihr Ding nicht. Und wenn ein Plan suboptimal läuft, also richtig in die Hose geht, mutiert so mancher Linkshirner, je nach Temperament, zum hilflosen Choleriker.

Der bezwingende Vorteil von Linkshirnern ist allerdings: Es geht selten was in die Hose. Im Gegenteil. Es klappt! Egal was. Und zwar (fast) immer. Wenn die Hochzeit also nicht in einem kollektiven Trauma enden soll, sollte man sich einem Linkshirner anvertrauen. Den Wochenendausflug lässt man ihn auch besser planen, wenn man am Sonntag tatsächlich wieder zuhause sein will.

Die Kombi ist perfekt Wie gesagt, reinrassige Stereotype gibt es selten. Die ideale, weil ausgewogene Mischung aus beiden Typen, vereint in einem Charakter, ist allerdings auch eher selten anzutreffen. Die meisten Menschen weisen eine leichte bis schwerwiegendere Tendenz auf.

Insofern ist die Kombi aus beiden Typen – in Teams, besonders auch in Ehen – perfekt. Vorausgesetzt man geht aufeinander zu und akzeptiert die Stärken des jeweiligen Gegenübers. Im besten Fall erklären Linkshirner den Rechtshirnern, wie die Welt funktioniert – und wie befriedigend es sein kann, wenn Pläne erfolgreich sind und die Schere tatsächlich da hängt, wo sie hängen soll. Und Rechtshirner zeigen den Linkshirnern, was die Welt *ist* – und dass man im Zweifel auch mit einem Messer eine Milchtüte öffnen kann. Der Linkshirner plant die Lackierung des Gartenzauns. Der Rechtshirner nimmt den Linkshirner spontan an die Hand und zeigt ihm, dass die Sonne scheint und wo die Hängematte hängt.

Nachhilfe brauchen vor allem die Rechtshirner Wenn es um eine effektive Alltagsorganisation geht, wenn es also darum geht, Alltagsabläufe ökonomisch zu organisieren, dann sind Linkshirner mit ihren Talenten natürlich im Vorteil. Insofern können vor allem tendenzielle Rechtshirner von den folgenden Tipps zur Alltagsorganisation besonders profitieren.

Lassen Sie sich also auf die im Folgenden gemachten Ratschläge wirklich ein, übernehmen Sie einzelne oder mehrere Ratschläge probehalber für einen nicht zu kurzen Zeitraum (mindestens einen Monat) – und vor allem konsequent. Nur dann können Sie wirklich belastbare Erfahrungen sammeln und entscheiden, welcher Ratschlag, welches System bei Ihnen individuell auf lange Sicht wirklich durchführbar ist – und welches vielleicht nicht.

STRUKTURELLE ZEIT-FRESSER – PROBLEME UND LÖSUNGEN

Ein Kessel Buntes Die Lebenswirklichkeit und die Bedürfnisse der Menschen sind so unendlich vielfältig, dass auf den folgenden Seiten niemand eine auf seine individuelle Lebenssituation zugeschnittene Lebenshilfe erwarten darf.

Doch es gibt in der Alltagsorganisation nahezu aller Familien immer wiederkehrende Probleme, die man besser, schlechter – oder eben gar nicht lösen kann. Zu den Problem-Klassikern zählen Verzettelung, mangelnde Synergieeffekte, unnötige Leerläufe, viel zu knapp bemessene Zeitplanung und einiges mehr. Im Folgenden erhalten Sie einen bunten Korb an Anregungen und Lösungsvorschlägen, aus dem Sie sich je nach Bedürfnislage bedienen können.

Doch wie gesagt: Seien Sie in der Umsetzung konsequent. Nur mal so einen Tag mit einer »Lebenden To-do-Liste« zu experimentieren hilft nichts. Sie müssen schon ein gewisses Maß an Routine im Umgang mit solchen Hilfsmitteln entwickeln. Und die stellt sich naturgemäß erst nach einiger Zeit der Gewöhnung ein. Geben Sie sich also genügend Zeit, bevor Sie urteilen: Das ist was für mich, oder eben nicht!

Problem: Ich weiß am Ende des Tages nicht, wo die Zeit geblieben ist!

Viele Menschen wissen am Ende eines Tages ziemlich genau, wie zeitintensiv welche Tätigkeit war. Und vor allem, was ihnen kostbare Zeit (und Nerven) geraubt hat. Das einstündige Telefongespräch mit der Nachbarin, zum Beispiel, über die zum x-ten Mal erfolglos erörterte Frage, ob die Katze der Nachbarin ein verfassungsrechtlich verbrieftes Naturrecht besitzt, Ihre Garageneinfahrt zur Verrichtung jedweder Notdurft in Beschlag zu nehmen. Das nervt! In der Zeit hätte man einen ganzen Korb Wäsche wegbügeln können.

Sehr viele Menschen erkennen aber einfach nicht, wie viel Zeit sie eigentlich über den Tag, in der Woche und im Monat für welche Tätigkeiten aufwenden. Und wie viel Zeit sie eigentlich verplempern, die ihnen an anderer Stelle fehlt und die sie eigentlich gerne mit anderen Inhalten füllen würden. Auch für die zeitliche Dimension all der kleinen Störfeuer, der Ablenkungen, der kleinen und großen Leerläufe fehlt ihnen einfach das Sensorium.

Um den Alltag besser organisieren zu können, sollte man sich also erst einmal einen Überblick verschaffen, womit man 24 Stunden am Tag und sieben Tage in der Woche seine Zeit verbringt.

Lösung: Den wahren Zeitverbrauch ermitteln – der Tageskalender Führen Sie über mindestens eine Woche einen Tageskalender, in den Sie jede Tätigkeit und die dafür verwendete Zeit umgehend nach Erledigung eintragen – vom Aufstehen bis zum Zubettgehen!

Das ist selbst wiederum zeitraubend, ja, es soll aber ja auch keine Dauereinrichtung werden. Suchen Sie sich eine Woche aus, in der keine Ausnahmefälle wie kranke Kinder oder Mammutaufgaben wie »Gartenzaun lackieren« vorkommen, sondern grauer Alltag herrscht.

Vorteil 1: Positiver Erkenntniswert Zunächst einmal sehen Sie jetzt, was Sie den ganzen langen lieben Tag so gemacht haben. Und vielleicht relativiert sich bei dem ein oder der anderen damit das Gefühl, eigentlich nichts auf die Kette zu bekommen.

Uhrzeit	Tätigkeit	Zeitaufwand
0.00-6.30	Schlafen	6,5 Std.
6.30-7.00	Aufstehen, Kinder u. Wolfgang (Sonja) wecken, den Spiegel im Bad verfluchen, Pausenbrote schmieren	30 Min.
7.00-7.30	Duschen und föhnen, während Kinder frühstücken	30 Min.
7.30-8.15	Kinder in die Schule fahren	45 Min.
8.15-9.45	Schminken (man weiß ja nie), mit Hund in den Wald	Schminken 15 Min. Hund 1 ¼ Std.
9.45-10.30	Kaffee trinken, frühstücken, Zeitung und Sonderangebote studieren	45 Min.
10.30-10.40	Alle Betten machen (macht ja sonst keiner außer mir)	10 Min.
10.40-11.30	Susanne (Klaus) ruft an, wichtig: Zickenkrieg in der Tennismannschaft (Bundesliga, Bayern hat verloren – Koan Titel!)	50 Min.
11.30-12.30	In allen (!) Zimmern aufräumen (macht ja sonst keiner außer mir)	1 Std.
12.30-13.00	Mittagessen vorbereiten	30 Min.
13.00-13.45	Kinder abholen	45 Min.
13.45-14.15	Mittagessen	30 Min.
14.15-15.30	Mit dem Hund in den Wald	1 ¼ Std.
15.30-16.30	Hausaufgaben kontrollieren, Nachhilfe geben	60 Min.
16.30-16.45	Wäsche sortieren, Waschmaschine bestücken	15 Min.
16.45-17.00	Sohn zum Training bringen	15 Min.
17.00-18.00	Bügeln, Waschmaschine ausräumen und neu bestücken	1 Std.
18.00-18.15	Sohn abholen	15 Min.
18.15-19.00	Abendessen vorbereiten, Wolfgang (Sonja) kommt vom Job	45 Min.
19.00-19.30	Abendessen	30 Min.
19.30-20.15	Mit dem Hund in den Wald, Wolfgang (Sonja) macht die Küche	45 Min.
20.15-21.00	Tagesschau gucken, dann Wäsche aufhängen	45 Min.
21.00-22.30	Bügeln, fernsehen, Kinder ins Bett	1 ½ Std.
22.30-22.45	Mit dem Hund …	15 Min.
22.45-23.30	Zähne putzen, im Bett lesen, einschlafen	45 Min.

Jedenfalls ist nicht ausgeschlossen, dass Ihnen plötzlich klar wird, dass Sie ja doch so Einiges an einem Tag erledigen. Und dann hört vielleicht auch die nervige Nörgelei auf: »Ich krieg das alles nicht geregelt.« Das Gegenteil ist oft der Fall: Sie kriegen schon eine Menge geregelt!

Vorteil 2: Zeitfresser erkennen – und eliminieren Der Tages- bzw. Wochenkalender wird Ihnen die Augen öffnen: Wofür Sie, zum Beispiel, wie viel Zeit aufwenden und ob Sie der betreffenden Tätigkeit eigentlich wirklich so viel Zeit einräumen wollen.

- **Muss das sein?** Muss der Hund wirklich jeden Tag 3 ½ Stunden ausgeführt werden? Mein Gott, das ist ein Mops und kein Australien Shepard. Da reichen vielleicht doch auch 2 Stunden? Sind pro Tag 1 ½ Stunden Zeitersparnis. Das Ganze mal sieben Tage die Woche: Macht eine Zeitersparnis von 10 ½ Stunden!
- **Kann es sein?** Kann es sein, dass in Ihrer Familie sehr großzügig mit Klamotten umgegangen wird? Also fünfmal in der Woche Wäsche waschen! Das riecht danach, dass aus Faulheit beim Ausziehen die Klamotten eher einfach in die Wäsche geschmissen werden, als sie im Kleiderschrank zu verstauen. Ist ja auch einfacher. Aber müssen die Sachen wirklich jedes Mal gewaschen werden? Sind nicht schmutzig, riechen nicht, sind nicht vom Sport verschwitzt. Also: Falten und weglegen oder auf den Bügel hängen. Ab nächster Woche wird nur noch zwei Mal die Woche gewaschen!
- **Sind Mähdrescher wichtig?** Und müssen Sie jeden Tag alle Sonderangebote durchlesen? Also auch die Sonderangebote für Mähdrescher? Das dauert jeden Tag 20 Minuten. Sie kaufen aber nicht jeden Tag ein. Und schon gar keine Mähdrescher. Es reicht also, sich an den Tagen zu informieren, an denen Sie auch wirklich Sonderangebote wahrnehmen können.
- **Immer nur Sie?** Oder kann vielleicht außer Ihnen auch mal jemand anderes aufräumen? Das darf doch nicht wahr sein!

Vorteil 3: Störmanöver erkennen – und eliminieren   Susanne ist nett. Klaus ist auch nett. Susanne ist Ihre beste Freundin. Klaus Ihr bester Freund. Aber muss man mehrfach am Tag über eine halbe Stunde telefonieren? Was gibt es da jedes Mal zu bequatschen?

Seien Sie ehrlich zu sich selbst: Den Zickenkrieg in der Damen-Tennismannschaft muss man nicht viermal die Woche von links nach rechts drehen. Das kann man am Montag nach dem Wochenendspiel einmal gründlich durchhecheln. Und dann muss es gut sein!

Und die Bundesligaergebnisse lassen sich hinlänglich am Montag kommentieren. Also, liebe Susanne, lieber Klaus: Hab im Moment leider keine Zeit, lass uns Montag noch mal telefonieren. Bis dahin!

Problem: Ich hab einfach keinen Plan!   So, die Kinder sind in der Schule,

Sie haben das Nötigste aufgeräumt und um zehn haben Sie einen Telefontermin. Wie können Sie jetzt die Stunde Leerlauf nutzen? Aahh, da können Sie spontan mal eben zur Post, um endlich die Versicherungsunterlagen auf den Weg zu bringen. Wieder zuhause fällt Ihnen ein: Mensch, da hätte ich auf dem Rückweg doch noch schnell bei der Reinigung rausspringen müssen. Das Jackett brauche ich morgen Abend doch für den Empfang im Clubhaus.

Und auf dem Rückweg hätte ich eigentlich auch eben noch fürs Mittagessen beim Gemüsehändler rausspringen können. Hätte! Wenn da nicht im Autoradio dieser spannende Beitrag gewesen wäre. Da haben Sie sich auf den Beitrag konzentriert und sind wie von Geisterhand automatisch nach Hause gefahren. Ihr Auto kennt ja den Weg.

Da müssen Sie jetzt also noch mal los, zum Gemüsehändler. Zur Reinigung reicht die Zeit nicht mehr. Gleich kommen ja die Kinder aus der Schule. Na ja, dann fahren Sie da heute Nachmittag mal eben hin. Ach nee, geht nicht! Da haben Sie doch den Termin beim Steuerberater. Müssen Sie auf morgen verschieben.

Aber: Haben Sie morgen überhaupt Zeit? Da müssen Sie doch Julius nachmittags zum Training bringen. Und vormittags wollten Sie mit Sonja noch den Ablauf der Veranstaltung im Clubhaus besprechen. Oder wollten Sie das noch heute Abend …? Sie wissen es einfach nicht mehr. Da müssen Sie Sonja gleich mal anrufen. Und im Zweifel eben im Pulli den Oberbürgermeister im Clubhaus begrüßen.

Solche Chaos-Szenarien gibt es in tausendfachen Varianten. Tagtäglich. Das Kernproblem: Es fehlt ein Plan, es fehlt Übersicht. Man braucht aber Übersicht und einen Plan! Weil man diese verfluchte Kleinteiligkeit des Alltags in der Regel einfach nicht im Kopf verwalten kann.

Wichtig: Der Plan muss einfach sein.

Wer die Sache zu kompliziert angeht, hat verloren, bevor der Kampf gegen das Chaos begonnen hat. Denn was zu kompliziert ist, bewährt sich nicht im Alltag.

Lösung 1: Sorry, aber … der gute alte Termin-Kalender

Banal, aber unverzichtbar: Sie brauchen einen mit Ihrem Ehepartner (und ggf. mit den Kindern) abgeglichenen (ganz wichtig) Jahres-Termin-Kalender. Ohne geht's nicht. Hier tragen Sie alle Termine ein, die von Belang sind: ob Hochzeitstag oder Gerichtstermine, termingebundene Steuerüberweisungen, Theateraufführungen, Sportturniere, Musikvorführungen oder Geburtstagseinladungen der Kinder – schlicht alles, was zwischen einer Woche und zwölf Monaten bereits absehbar auf Sie zukommt. Dieser Kalender sollte für alle offen zugänglich sein.

Sonntagabends verschaffen Sie sich einen Überblick über die Termine der Woche. Zum Auffrischen der Erinnerung schauen Sie auch jeweils abends oder morgens noch einmal kurz hinein, weil die hier abgelegten Termine sich auf die »Lebende To-do-Liste« (s.u.) des jeweils nächsten Tages auswirken.

Lösung 2: Altbacken, aber effektiv – der Familienplaner

In nahezu jeder Familie gibt es feststehende Termine, die sich allwöchentlich regelmäßig wie-

116

derholen. Damit alle(!) Familienmitglieder sich immer wieder orientieren können, fertigen Sie einen Wochenplan an, in dem all diese Termine eingetragen sind.

- **Feststehende Termine!** Dazu zählen zum Beispiel die Trainingstermine der Kinder, der Gospelchor von Mutti, das Hockeytraining von Papa und auch die Hundeschule vom kleinen Fifi.

- **Routinevorgänge!** Tragen Sie in der Anfangsphase auch Routinevorgänge zur Erinnerung ein, für die Sie sich mit den anderen Familienmitgliedern zuvor natürlich auf einen wöchentlichen Jour fix, also einen Regeltermin, einigen müssen. Dazu können Vorgänge zählen wie Rechnungen begleichen, Kontoauszüge checken und abheften, Wocheneinkauf, Steuerablage (wenn die wöchentlich Sinn macht), Wäsche waschen (wenn man einen festen Waschtag als sinnvoll erachtet), Treppenhausreinigung (wenn man denn wöchentlich das Treppenhaus reinigen muss) etc.

- **Aufhängen!** Diesen Familienplaner sollten Sie an herausragender Stelle für alle einsehbar aufhängen, zum Beispiel im Eingangsbereich Ihres Hauses oder Ihrer Wohnung oder in der Nähe der Basisstation des Telefons.

Lösung 3: Die »Lebende To-do-Liste« Wenn Sie im Laufe einer Woche, wie oben angegeben, Ihre Tagespläne erstellt haben, werden Sie sehen: Es gibt in der Regel mehr oder weniger feststehende Termine, die die Woche strukturieren. Zwischen diesen feststehenden Routine-Terminen tun sich größere oder auch kleinere Lücken auf. Diese Lücken gilt es sinnvoll und effektiv, also zeitsparend zu füllen.

- **So startet man die »Lebende To-do-Liste«.** Nach einem Blick in Jahreskalender und Familienplaner am Sonntagabend wissen Sie, was Sie am ersten Wochentag erwartet, bzw. wie viel Zeit Sie in den Lücken haben.

- **Papier ist geduldig!** Nehmen Sie nunmehr ein Blatt Papier, einen alten Briefumschlag oder was auch immer Sie für ein paar Notizen erübrigen wollen und schreiben Sie auf, was am nächsten Tag alles ansteht. Das ist der Beginn Ihrer »Lebenden To-do-Liste«. Und die ist ebenso banal wie effektiv.

- **Elektronik nur bedingt!** Sie können diese Liste selbstverständlich auch auf Ihrem Laptop, Ihrem Rechner oder Ihrem Smartphone führen, je nach Ausstattung und Neigung. Papier und Smartphone haben allerdings den Vorteil gegenüber Laptop und Rechner, dass sie transportabel sind, was bei Erledigungen außer Haus von unschätzbarem Vorteil ist.

- **Und was steht drauf?** Was auf dieser To-do-Liste steht, diktiert Ihnen der Alltag. Die Dinge kommen von ganz alleine. Sie gehen durch den Garten und – Schwupps – auf der »Lebenden To-do-Liste« steht »Rosen beschneiden«. Das Thema »Wäsche waschen« ploppt auf, wenn der Korb mit der Schmutzwäsche voll ist, oder Ihre Kinder Sie fragen, ob man eigentlich auch im Schlafanzug in die Schule gehen kann. »Staubsaugen« wird sich automatisch auf Ihre Liste drängen, wenn der Hund wieder mal den halben Wald im Wohnraum verteilt hat. Auch Anruflisten gehören nach Bedarf auf die »Lebende To-do-Liste« usw. Und wenn es im Haus anfängt zu müffeln, dann steht »Katzenklo reinigen« drauf.

  - **Auch die großen »Klopper« stehen drauf!** Neben den kleineren Alltäglichkeiten gibt es ja auch noch die größeren Klopper, die sich nicht so einfach in der ein oder anderen Stunde zwischen den feststehenden Wochenterminen erledigen lassen: »Keller ausmisten und aufräumen« zum Beispiel. Oder »Garten winterfest machen«. Aber irgendwann die nächsten Tage muss das angegangen werden. Also schreiben Sie auch solche Aufgaben auf die »Lebende To-do-Liste«.

Es kann sein, dass Sie diese Programmpunkte zwei oder gar drei Wochen auf Ihrer To-do-Liste mitschleppen. Als fortlaufende Mahnung. Und irgendwann sind Sie es dann leid, dann wollen Sie diesen Programmpunkt einfach von der Liste haben. Und dann sagen Sie für Mittwoch den Ikebana-Kurs ab und sorgen dafür, dass die Kinder von anderen Eltern zum Training mitgenommen werden – und dann haben Sie den ganzen Tag Zeit, endlich im Garten zu wühlen.

- **Die Liste lebt!** Was erledigt ist, wird durchgestrichen (oder gelöscht). Das sich dabei einstellende Glücksgefühl wird in vollen Zügen genossen. Doch am Ende des Tages wird Ihre Liste nicht leer sein! Jedenfalls sehr wahrscheinlich nicht. Weil man erfahrungsgemäß mehr drauf schreibt, als man schafft. Das aber ist kein Problem! Was nicht geschafft wird, übernehmen Sie auf die To-do-Liste des nächsten Tages. Das ist das Prinzip der »Lebenden To-do-Liste«, darum »lebt« sie.

Wichtig: Der Weg ist das Ziel! Nicht die leere Liste ist das Ziel. Die »Lebende To-do-Liste« ist ein Instrument, das fortlaufend funktioniert. Nur selten werden Sie irgendwann abends vor der Liste sitzen und alle To-dos sind durchgestrichen. Und wenn, dann: Champagner!

Vorteil: Nichts geht verloren. Das System aus miteinander verschränktem Kalender, Familienplan und Ihrer »Lebenden To-do-Liste« ist einfach, flexibel und agiert ohne unnötigen Druck, weil die Liste eben lebt. Abgesehen von termingebundenen To-dos, die erledigt werden müssen, stehen nur Programmpunkte auf der Liste, die alsbald erledigt werden sollten. Sie werden nur daran erinnert, dass da was ansteht. Und das arbeiten Sie in aller Ruhe ab.

Problem: Ich kann mich einfach nicht entscheiden, was ich zuerst von meiner To-do-Liste erledigen soll! Tja, da liegt sie also vor mir, die To-do-Liste für heute, die Liste des Grauens. Liesa braucht unbedingt eine neue Hose (hat angekündigt, dass sie sonst den Rekord im hysterischen Dauerheulen zu brechen gedenkt). Das Knöllchen muss dringend überwiesen werden, sonst holen mich irgendwann Männer in dunklen Ledermänteln ab. Der Hund müsste unbedingt mal wieder eine Wurmkur erhalten. Leon muss ich unbedingt Vokabeln abhören, sonst geht er morgen in Französisch unter.

Auf dem Schrank muss der Staub mal entfernt werden, sonst sieht der bald aus wie der Hausflur. Und Jupp (der Vereinsvorsitzende) hat bereits das dritte Mal nach der Jahresbilanz gefragt, die ich doch als Kassenwart jetzt mal langsam rüberwachsen lassen soll. Und wenn ich mich morgen nicht mit einem Scheidungsanwalt rumärgern möchte, sollte ich heute unbedingt noch ein Geburtstagsgeschenk besorgen. Und einkaufen muss ich auch noch, fürs Abendessen, und die Spülmaschine aus- und einräumen. Den Bügelberg schreibe ich gar nicht erst auf. Obwohl – doch, Liesa hat kein gebügeltes Sweatshirt mehr für die Schule.

Um an solchen Tagen nicht in blinden Aktionismus zu verfallen, muss man, wie an weniger dramatischen Tagen auch, klare Prioritäten setzen.

Lösung: Prioritäten setzen – einfach die richtigen Fragen stellen.

Man könnte an dieser Stelle jetzt ein bisschen wichtig tun und auf den italienischen Volkswirtschaftler Vilfredo Pareto aus dem 19. Jahrhundert verweisen oder auf noch einige »Prioritäten-Päpste« mehr. Ihr Formelwerk trägt aber streng genommen im Alltag nicht wirklich weit. Zu kompliziert.

Die einfachste Methode, Prioritäten zu ermitteln, besteht in zwei Schritten. Erstens: Ruhe bewahren, nicht panisch werden. Sie schaffen das! Und zweitens: Stellen Sie sich die richtigen Fragen! Und zwar in der folgenden Reihenfolge.

- **Ist das betreffende To-do wichtig und dringend?** Da haben wir bereits die beiden wichtigsten Kriterien in einer Frage. Wichtig bezieht sich auf die Bedeutung, die persönliche Wertigkeit eines Tagesordnungspunktes. Konkret: Das Geburtstagsgeschenk sollte recht weit oben stehen (Scheidungsanwälte kosten!). Auch das Vokabelabhören scheint wichtig, wenn der Filius nicht als Straßenfeger enden will. Auch das Einkaufen ist wichtig und dringend, will man nicht hungrig ins Bett gehen.

  Diese drei Punkte sind also wichtig. Sie sind vor allem aber auch dringend, weil termingebunden und nicht aufschiebbar. Damit dürften diese drei Punkte in der Prioritätenliste ganz weit oben stehen.

- **Ist das betreffende To-do nur wichtig?** Wichtig ist zweifellos auch die Gesundheit des Hundes ebenso wie die angeschlagene Seele von Liesa wegen der neuen Hose. Und auch Jupp wollen wir nicht weiter vor den Kopf stoßen. Diese Dinge sind wichtig und sollten in der Prioritätenliste auf der zweiten Stufe stehen. Die Welt geht aber nicht unter, wenn sie morgen oder übermorgen erledigt werden.

- **Ist das betreffende To-do nur dringend?** Es gibt Dinge, die sind wirklich dringend, wie zum Beispiel das Knöllchen. Oder die ungebügelten Sweatshirts. Doch bevor die höchste Kategorie unerledigt bleibt, sollte man solche Dinge in der Güterabwägung hinten anstellen. Liesa wird mit einem ungebügelten Sweatshirt kein Trauma erleiden. Und eine Mahngebühr ist in der Regel auch verkraftbar.

- **Ist das betreffende To-do weder dringend noch wichtig?** Der Hausflur, der Schrank und der (Rest des) Bügelberg(s) sind weder wichtig noch dringend. Das muss alles gemacht werden, sicher. Kann man aber auch noch ein paar Tage aufschieben. Ihre Ehe ist jetzt erst mal wichtiger!

Die drei Prioritäten-Kategorien

1. Kategorie: Was **dringend** und **wichtig** ist, hat absolute Priorität. Das heißt aber nicht, dass es als erstes erledigt werden muss (um die Vokabeln abzufragen muss der Sohn ja erst mal aus der Schule kommen). Aber irgendwann muss es an dem betreffenden Tag erledigt werden.

2. Kategorie: Was **nur wichtig** oder **nur dringend** ist, kann, muss aber nicht an dem betreffenden Tag erledigt werden. Es obliegt Ihrem persönlichen Geschmack, welchem To-do Sie Vorfahrt einräumen – ob die Wurmkur wichtiger ist als die neue Hose der Tochter, ob das Knöllchen oder die ungebügelten Sweatshirts, entscheiden Sie nach Gusto.

3. Kategorie: Was **weder dringend noch wirklich wichtig** ist, kann erst einmal liegenbleiben. Das taucht dann am nächsten oder übernächsten Tag erneut auf Ihrer »Lebenden To-do-Liste« auf. Der zu reinigende Hausflur rutscht irgendwann von ganz alleine in die Erste Kategorie – spätestens, wenn Ihre Nachbarn Protestnoten und wilde Drohungen in Ihrem Briefkasten deponieren.

Vorteil: Diese drei Kategorien sind als Guideline einfacher zu handhaben als jedes Formelwerk. Sie können sich die betreffenden Fragen

Kategorie 1   Ist das betreffende To-do wichtig und dringend?

Kategorie 2   Ist das betreffende To-do nur wichtig?
**   Ist das betreffende To-do nur dringend?**

Kategorie 3   Ist das betreffende To-do weder wichtig noch dringend?

auch ausgedruckt dort aufhängen, wo Sie morgens oder abends Ihre To-do-Liste erstellen. Sie sind ein einfacher Führer durch das Dickicht Ihrer To-do-Liste.

To-dos nach Prioritäten optisch anordnen Nachdem Sie Ihre To-do-Liste erstellt und anhand der Fragen die Prioritäten festgelegt haben, sollten Sie Ihre To-dos nach Prioritäten auch optisch ordnen, um eine bessere Übersicht zu erhalten.

Dazu bieten sich verschiedene Varianten an:

Nummerieren: Sie können die einzelnen To-dos ihrer Priorität und ihrem möglichen zeitlichen Ablauf folgend durchnummerieren. Wie gesagt, Vokabeln abhören hat zwar höchste Priorität, geht aber erst nachmittags. Zuvor können Sie also auch Dinge der zweiten Kategorie erledigen.

Lose-Blatt-Zeitplaner: Wer es gerne genau und besonders übersichtlich hat, kann seine To-do-Listen auf im Handel erhältlichen Lose-Blatt-Tagesplänen führen, auf denen eine Zeitskala vorgedruckt ist.

Markern: Man kann die einzelnen To-dos auch einfach farblich markern, zum Beispiel gelb für die oberste Priorität, orange für die zweite Kategorie und grün für die dritte Kategorie. Dahinter kann man den anvisierten Zeitraum, in dem man die Angelegenheit zu erledigen gedenkt, notieren. Der richtet sich natürlich nach den feststehenden Terminen des Familienplaners oder anderen feststehenden Terminen aus dem (Jahres)Kalender.

Lebende To-do-Liste versus Post-its Die einen schwören auf To-do-Listen, andere schwören auf die bunten Post-its. Das Prinzip ist das gleiche. Nur dass man keine Liste hat, sondern lauter bunte Post-its, auf die man seine To-dos schreibt und mit denen man seinen Arbeitsplatz oder den Sekretär oder den Bildschirm oder welches Möbelstück auch immer plakatiert.

Wer die bunte Zettelwelt liebt oder wen die Zettelchen zumindest nicht stören, der kann auch mit diesem System erfolgreich agieren.

Vorteil der Post-its: Man kann mit der Vielfarbigkeit die einzelnen To-dos nach Prioritäten optisch ordnen. Und Post-its vom Bildschirm zu nehmen und wegzuwerfen ist ein ebenso erhabenes Gefühl, wie ein To-do auf einer Liste durchzustreichen.

Einziger Nachteil der Post-its: Man kann sie schlecht außer Haus mitnehmen. Vor allem bei der Bewältigung des privaten Familien-Alltags fallen aber regelmäßig Tätigkeiten an, die man außer Haus erledigen muss. Eine Liste auf einem einfachen Stück Papier, das man gefaltet in die Jackentasche stecken und so jederzeit zur Orientierung rausholen und lesen kann, ist außer Haus von unschätzbarem Vorteil. Post-its eignen sich also eher für Bürotätigkeiten, die man alleine vom Schreibtisch aus erledigt.

Problem: Ich nehme mir immer mehr vor, als ich schaffe!   16.00 Uhr.

Zwei Stunden! Ich hab jetzt zwei Stunden Zeit. Da bekomme ich jetzt mal richtig was weg von der To-do-Liste. Da kann ich zum Schuhmacher und die High Heels abholen, dann spring ich eben noch bei Erika rein und gebe ihr das geliehene Sommerkleidchen zurück, dann schnell zur Bank und zum Getränkemarkt, ein paar Kisten Wasser, Saft und Bier einladen, und auf dem Rückweg für heute Abend noch beim Weinhändler ein bisschen Rotwein besorgen. Und dann kann ich locker noch eben die Spülmaschine aus- und einräumen und die Küche machen. Und wenn Klaus dann kommt, können wir heute Abend gemeinsam kochen. Perfekt!

Perfekt, in der Tat. Wenn nicht Erika gestern Abend wieder mal so einen Wahnsinnstypen kennengelernt hätte, diese umwerfende Mischung aus Jude Law und Johann Lafer, von dem sie »nur mal eben« erzählen musste. Und wenn da nicht der Bankautomat »Außer Betrieb« gewesen wäre und der nächste nun mal 20 Minuten entfernt ist. Und wenn da nicht noch – Überraschung, Überraschung – der Feierabendstau gewesen wäre …

»Oooch, hallo Klaus! Du bist schon da? Ich mach schnell die Küche und dann können wir loslegen, ok? Nur mit dem Wein, das hat nicht mehr geklappt. Nee, Bier ist auch alle. Der Getränkehandel macht schon um sieben zu. Na gut, lassen wir das mit dem Kochen, wir können natürlich auch zum Italiener gehen. Mit selber Kochen wird eh zu spät. Schade eigentlich! Hatte mich auf die Kalbsleber venezianische Art richtig gefreut …«

Ein Klassiker! Zu viel gewollt, zu wenig geschafft. Frust!

Lösung: Puffer einziehen! Wenn Sie am Ende des Tages nicht allzu hart aufschlagen wollen, sollten Sie Ihre terminlichen Abläufe großzügig und weich abpuffern. Puffer einzuziehen ist die einzig funktionierende Antwort auf alle Unwägbarkeiten, die sich so sicher einstellen werden wie das Amen in der Kirche. Entweder schmiert noch zuhause bei der Recherche der Öffnungszeiten vom Getränkehandel der Rechner ab und Sie hängen eine Stunde vor dem Bildschirm, bis die Systeme wieder laufen. Oder Sie stellen unterwegs fest, dass Sie Ihre To-do-Liste vergessen haben und müssen erst mal wieder nach Hause, die Liste holen. Und es gibt immer irgendeinen Bekannten, den man unterwegs trifft und der einem ohne Punkt und Komma die gesamte Familiengeschichte der vergangenen drei Monate oder Jahre minutiös schildert.

- **Eine Uhr ist hilfreich.** Oftmals hat man zudem eine falsche Zeiteinschätzung, wie lange welche Angelegenheiten dauern. Wenn Sie also Schwierigkeiten haben, realistisch einzuschätzen, wie lange Sie für bestimmte Erledigungen tatsächlich brauchen, machen Sie sich beim nächsten Mal mit Hilfe Ihrer Uhr Notizen, wie lange Sie faktisch unterwegs sind.

- **Mindestens 50 Prozent …** Ziehen Sie für jede Aktion ca. 50 Prozent Zeit-Puffer ein. Das hört sich viel an, ist im statistischen Schnitt aber realistisch. Wenn Sie für Getränkeeinkäufe also eine halbe Stunde berechnen, sollten sie einen 15-minütigen Puffer einziehen. Mindestens!

- **… oder mehr.** Wenn Sie nach ein paar Wochen Probelauf feststellen, dass das nicht reicht: Planen Sie das Doppelte an Zeit ein. Statt einer halben Stunde also sogar eine Stunde. Das raten so genannte Zeitmanager – für private wie auch für berufliche Erledigungen.

- **Und bei Erika** schlagen Sie am besten immer 300 Prozent drauf. Egal, was anliegt.

Vorteil: Das Risiko, sich zeitlich zu übernehmen ebenso wie Ihr Frustpotential sinken drastisch. Und wenn Sie die Puffer nicht benötigen, weil alles wie am Schnürchen läuft, dann wird sich auf Ihrer To-do-Liste entweder etwas finden, was Sie dann noch erledigen können. Oder Sie setzen sich einfach in das neue Café am Markt, wo es diesen sensationell guten Cappuccino gibt und diese genialen Petits Fours!

Zeitbedarf ermitteln: Rückwärts planen!

Problem: Nehmen wir an, Sie haben den ganzen Nachmittag Zeit. Zum Beispiel für Tennis spielen und anschließend noch raus an den See zum Baden und auf dem Rückweg noch ein Eis. Sie müssen um Punkt 18.00 Uhr wieder zu Hause sein. Preisfrage: Wann müssen Sie los?

Lösung: Planen Sie rückwärts! Für Tennisspielen mit Duschen brauchen Sie 2 Stunden, für raus an den See fahren und baden locker 3 Stunden und für die Rückreise und das Eis 2 Stunden – alles natürlich mit Puffern gerechnet. Macht zusammen 7 Stunden. Um 11 Uhr müssen Sie also spätestens los. Sonst wird's nix mit 18.00 Uhr. Und dann wird's auch nichts mit Sportschau gucken. So einfach ist das.

Vorteil: Rückwärts planen funktioniert für alle mehrteiligen Vorhaben. Sie müssen ein Menü planen und um acht kommen die Gäste? Rechnen Sie von acht Uhr ab die Zeiteinheiten aller einzelnen Vorbereitungen rückwärts. Dann wissen Sie, wann Sie spätestens in die Küche gehen sollten.

Problem: Ich verzettele mich immer! Und brauche deshalb viel mehr Zeit als ich geplant habe – trotz 100-Prozent-Puffer! Man kennt das doch: Man geht in den Garten, um die verwelkten Blüten abzuknipsen. Eingeplant ist eine halbe Stunde. Nach einer Stunde ist man eifrig dabei, mit Spaten und Schubkarre alle Rabatten auf links zu graben. Jetzt einfach alles stehen und liegen lassen geht irgendwie auch nicht. Also weiter buddeln. Nach drei Stunden kann man dann duschen gehen.

Oder man will endlich den To-do-Punkt »Versicherungstarife Hundehaftpflicht« im Internet recherchieren und einen Vertrag anleiern. Eingeplant war eine halbe Stunde. Am Ende ist man vier Stunden mit mexikanischen Zwergnackthunden, Tibet-Spanieln und Hochgebirgsbracken durch den Orbit des world wide web virtuell Gassi gegangen – und weiß immer noch nicht, ob 15 Mio. Absicherung reichen, wenn mein süßer Rhodesian Ridgeback den Nachbarn zerfleischt oder einen Gefahrguttransporter aus der Bahn wirft.

Die Zeit vergeht im Flug! Und weg ist sie, die Zeit! Da hilft nur eins.

Lösung: Scheuklappen aufsetzen – Wecker stellen. Sich zu verzetteln hat viel mit der Neigung zu Spontaneität zu tun. Spontan sein kann schön sein. Hält aber auf! Darüber muss man sich im Klaren sein. »Mal eben noch auf der einen Internetseite reinschauen, das ist doch interessant.« Oder »Wenn ich jetzt schon gestaubsaugt habe, dann kann ich auch gerade noch das Bad machen«, das sind die klassischen Verzettelungsfallen. Wenn Sie sich selbst »nur kurz« oder »mal eben« reden oder denken hören, dann sollten in Ihrem Kopf Sirenen aufheulen. Sicher, man kann das machen, »mal eben« noch das Bad. Das dauert aber eben eine Stunde länger. Und die Zeit fehlt einem dann hinten beim Erstellen der Steuererklärung. Die aber muss morgen abgegeben werden. Und so sitzt man dann gerne noch nachts um 24.00 Uhr an den Unterlagen. Gähn!

- **Selbstdisziplin – eine schwierige Disziplin.** Ohne die geht es an dieser Stelle aber nicht. Setzen Sie sich also im Geiste Scheuklappen auf und konzentrieren Sie sich allein auf den anvisierten Programmpunkt. Wenn die Steuererklärung dran ist, dann ist die Steuererklärung dran. Versuchen Sie währenddessen nicht »mal eben« zu recherchieren, in welchen Staaten Europas man viel weniger Steuern zahlen würde, wenn man da leben würde. Sie leben ja hier.

- **Ein Wecker diszipliniert.** Stellen Sie sich zusätzlich als selbstdisziplinierende Maßnahme einen Wecker oder Ihr Handy oder was auch immer nach Ablauf einer gewissen Zeit Krach macht. Der altmodische Wecker mit mechanischem Uhrwerk hat allerdings einen großen Vorteil: Er tickt! Und Ticken treibt an!

Problem: Je mehr Zeit ich hab, desto mehr Zeit brauch ich auch! Ein Phänomen, das jeder kennt: Hab ich nur eine halbe Stunde für die Reinigung der Küche oder für das Schreiben eines Briefes oder einer Mail, dann schaffe ich das auch in einer halben Stunde. Hab ich eine ganze Stunde, werde ich auch die ganze Stunde benötigen. Für die gleiche Tätigkeit. Ein Naturgesetz!

Lösung: Zeitlimits setzen – Wecker stellen! Für nahezu alle hauswirtschaftlichen Aufgaben (Bad reinigen, Wohnung staubsaugen) oder auch privaten wie beruflichen Verwaltungstätigkeiten (Reisekostenabrechnung, Steuererklärung, Spielplan für die Vereinsmannschaft erstellen) besitzen Sie in der Regel Erfahrungen, wie lange der Vorgang im günstigsten Fall dauert. Nicht mit Stress, aber doch zügig durchgezogen. Das ist Ihr Zeitlimit!

- **Zeitlimits einhalten!** Stellen Sie sich im Zweifel einen Wecker oder Ihr Handy oder was auch immer nach Ablauf einer gewissen Zeit Krach macht, auf exakt diese Zeit. Das ist so ziemlich die einzige Instanz, die Sie daran hindert, dem Parkinsonschen Gesetz (s.u.) etwas entgegenzusetzen.

128

- **Besprechungen limitieren.** Das gleiche gilt im Übrigen für berufliche oder private Besprechungen. Wenn Sie verhindern wollen, dass jeder Hinz und Kunz zu jedem Unsinn noch glaubt, seinen Senf dazugeben zu müssen, dann sollten Sie solche Besprechungen zeitlich limitieren. Ob die nun im Büro zum Projekt X oder am Tresen zum privaten Projekt Y stattfinden. Gehen Sie in den Besprechungsraum oder stellen Sie sich an den Tresen und geben Sie vor: »Ich habe nur eine knappe Stunde Zeit! Also lasst uns zügig besprechen, was zu tun ist. Ich muss danach weg.«

Und weisen Sie zwischendurch immer wieder auf Ihre Zeitlimitierung hin. Das diszipliniert!

Das Parkinsonsche Gesetz Dass Arbeit dazu neigt, sich wie Gas im Raum auszudehnen, ist eine Erkenntnis, die der britische Historiker Cyril Northcote Parkinson bereits 1950 als das so genannte Parkinsonsche Gesetz formulierte: Arbeit dehnt sich in genau dem Maß aus, wie Zeit für ihre Erledigung zur Verfügung steht. Am besten kann man diese Gesetzmäßigkeit beim Schreiben privater und vor allem beruflicher Briefe oder Mails beobachten. Wer sich nicht zeitlich limitiert, wird an einem Schriftsatz unbegrenzt lange rumbasteln. Und man wird immer noch etwas finden, was besser formuliert oder strukturiert werden kann.

Am Ende jedoch sind solche Schriftsätze nicht verständlicher als der erste und nur einmal korrigierte Wurf. Am Ende sind sie vor allem eins: zu lang!

Problem: Selbst wenn ich die To-do-Liste nach Prioritäten geordnet habe, verliere ich zu viel Zeit, weil der Tag komplett zerrissen ist! Gut, jetzt sind sie alle aus dem Haus. Was steht heute an? Ein Blick auf die To-do-Liste und schon wissen Sie: Höchste Priorität hat heute der Anruf beim Anlageberater wegen der Zeichnungsfrist der Wertpapiere – nicht, dass wir da zu spät kommen, bei der Rendite! Das mach ich am besten sofort, d.h. vielleicht fahr ich vorher noch eben zur Reinigung, da liegt schon seit einer Woche ein ganzes Paket Hemden – und die werden dringend benötigt.

Dann sind heute unbedingt Bad und Toilette dran, weil sich für morgen die Schwiegereltern auf der Rückreise aus dem Urlaub für eine Nacht angemeldet haben. Das Bad schaff ich vielleicht noch heute Vormittag. Danach kann ich noch schnell die Mitglieder der Mannschaft wegen des Spielplans anrufen.

Die Toilette mach ich lieber heute Nachmittag, wenn die Kinder beim Sport sind. Dann muss ich heute Nachmittag auch noch schnell die Mail an die Hausverwaltung wegen der undichten Regenrinne schreiben. Das muss aber irgendwie zwischendurch gehen. Ich muss ja heute Nachmittag auch noch zur Bank, damit ich den Kindern morgen das Geld für die Exkursion mitgeben kann.

So geht er dahin, der Tag. Kaum hat man eine Tätigkeit angefangen, widmet man sich der nächsten. Alles ist mehr oder weniger wichtig und dringend. Muss alles *irgendwie* erledigt werden.

Doch genau das ist das Problem: *irgendwie. Irgendwie* ist nämlich am Ende der gesamte Tag komplett zerfasert. Manches bleibt sogar liegen, weil einfach keine Zeit mehr übrig war – obwohl genug Zeit zur Verfügung stand. Der Grund? Erhebliche Zeitverluste, weil man die zu erledigenden Dinge nicht sinnvoll miteinander verknüpft.

Lösung: Erzeugen Sie Synergie-Effekte, indem Sie ähnliche oder gleiche Tätigkeiten in einem Aufwasch erledigen. Viele Tätigkeiten sind wesensgleich: Telefonieren, Mails oder Briefe lesen und schreiben, Unterlagen ordnen und ablegen – das alles sind eher Bürotätigkeiten, die am besten von der administrativen Befehlszentrale aus vollzogen werden. Hier stehen in der Regel auch Rechner und Telefon und ggf. auch wichtige Aktenordner. Erledigungen außer Haus haben den gemeinsamen Nenner, dass Sie sich dafür auf den Weg machen müssen. Und um Ordnung und Sauberkeit herzustellen, müssen Sie körperlich in Schwung kommen und das Reinigungs-Equipment aus dem Schrank holen.

Fassen Sie solche Tätigkeiten zusammen und erledigen Sie sie in einem Schwung. Die Zeitgewinne sind erheblich, wenn Sie nicht gedanklich oder organisatorisch jedes Mal von vorne anfangen müssen!

- **Außer Haus:** Fassen Sie alle Besorgungen außer Haus von Ihrer To-do-Liste zusammen und suchen Sie an den betreffenden Tagen ein Zeitfenster, in dem Sie ohne Umwege alles hintereinander weg erledigen können.
  Wenn Sie Ihren Sohn zum Gitarrenunterricht bringen, können Sie auf der Hinfahrt noch bei der Post und beim Schuster rausspringen. Und auf dem Rückweg liegt die Reinigung auf dem Weg. Und Uschi, der Sie noch Geld schulden. Gehen Sie nicht nur für einen Brief aus dem Haus, fahren Sie niemals nur für Uschi und Ihre Schulden in die Stadt. Es gilt die alte Kellner-Regel: Kein Weg umsonst, kein Weg ohne mehrere Erledigungen.
- **Am Schreibtisch:** Wenn Sie Mails schreiben oder telefonieren müssen, suchen Sie sich ein passendes Zeitfenster, in dem Sie die Kommunikationstermine kompakt abfeiern können. So fahren Sie nur einmal den Rechner hoch und nicht fünf Mal. Und wenn Sie sich mit dem ersten Telefonat erst einmal in Kommunikationslaune gequasselt haben, gehen die folgenden Telefonate schneller, wacher und effektiver durch die Muschel.
- **Im Haushalt:** Auch Aufräum- und Reinigungstätigkeiten sollten in einem Rutsch erledigt werden. Wenn der Schrubber erst einmal über die Kacheln fliegt, wenn die Reinigungsmittel erst einmal aus dem Schrank geräumt sind – dann ran, Dschingis Khan! Dann wirbeln Sie über alle Böden, die es nötig haben. Fahren Sie nicht vormittags die ganze Reinigungslogistik hoch – und wieder runter –, um nachmittags das ganze Gerödel noch einmal zu wiederholen.

Problem: Ausgerechnet morgens, wenn ich meine Ruhe habe, kann ich mich auf komplizierte Sachverhalte am Schreibtisch nicht konzentrieren. Das dauert ewig! Dann sind Sie vermutlich eine Eule, also tendenziell ein Spätzünder und ein Nachtschwärmer, der vormittags echt mit Anlaufschwierigkeiten zu kämpfen hat. Wären Sie eine Lerche, also tendenziell eher ein Frühstarter, einer der aus dem Bett springt und sofort tiriliert, dann wäre der Vormittag die optimale Tageszeit für Sie, Anwaltsschreiben, Leasingverträge oder Bauanträge zu studieren und zu prüfen. Dann könnten Sie die Zeit, in der die Kinder in der Schule sind, optimal nutzen.

Die Unterteilung in Frühaufsteher und Spätzünder ist keine billige Ausrede für individuelle Leistungsdefizite. Chronobiologen unterscheiden in der Tat zwischen Eulen und Lerchen, deren Biorhythmus genetisch bedingt unterschiedlich getaktet ist. Und gegen die innere Uhr zu agieren kann tatsächlich pure Zeitvergeudung sein.

Lösung: Berücksichtigen Sie bei der Planung des Tages Ihren Biorhythmus – und den Ihrer Familienmitglieder! Man könnte an dieser Stelle mit komplizierten Diagrammen die über den Tag unterschiedlich verteilten Leistungskurven des einen und des anderen Typs – und der unendlich vielen individuellen Varianten darstellen. Denn die gibt es natürlich auch: die Normalos, die weder das eine noch das andere in Reinkultur sind, die bestenfalls Tendenzen aufweisen.

Berücksichtigen Sie also bei der Tagesplanung Ihren individuellen Biorhythmus, wenn Sie nicht unnötig Zeit verplempern wollen. Unzeitige Planung mit sich selbst, dem Ehepartner und mit den Kindern, die wieder einen ganz anderen Biorhythmus haben können, hat das Potential für explosive Stimmungsschwankungen. Das Jonglieren mit den unterschiedlichen Befindlichkeiten ist nicht immer einfach und konkrete Ratschläge an dieser Stelle zu geben, ist unmöglich.

Was für ein Zeit-Typ Sie sind, werden Sie selbst aus Erfahrung am besten wissen.

- **Tendenzielle Eulen** sollten vormittags eher einfache Routinearbeiten verrichten: die Post sichten oder Kontoauszüge abheften etc. Verabreden Sie sich morgens nicht zum Leistungsschach! Auch Sport ist eher etwas für nachmittags oder den Abend. Und wenn die Kinder im Bett liegen, können Eulen am Schreibtisch noch einiges wegschaffen – auch komplexere Vorgänge.

- **Tendenzielle Lerchen** sollten hingegen eher den Vormittag für Sport oder auch intellektuelle Herausforderungen nutzen. Sie bauen gegen Abend eher ab: »Mr. Ten o'clock« geht nach dem »Tatort« gerne zu Bett.

- **Normalos** haben morgens zwischen 10 und 11 Uhr ihr intellektuelles Leistungshoch zur Lösung komplexer Probleme. Nachmittags zwischen 14 und 15 Uhr ereilt sie ein Leistungsknick. Am späten Nachmittag lassen die geistigen Kräfte etwas nach, dafür steigt die körperliche Belastungsfähigkeit: Zeit für Tennis oder Joggen!

Wichtig: Bleiben Sie gelassen! Wenn nix geht, dann geht nix. Dann legen Sie sich lieber hin und machen Sie ein Powernapping. Und zwar ohne schlechtes Gewissen!

Problem: Ich bin irgendwie immer und für alles zuständig! In der Zoologie der Familienwelten gibt es eine weit verbreitete Spezies: das Familien-Kamel. Es handelt sich um ein Lasttier, dem man säckeweise alle Bürden des Alltags aufladen kann und das diese Last trägt und immer weiter trägt und dabei nicht jammert, sondern denkt: Wenn ich es nicht (er)trage, wer sollte es denn dann (er)tragen?

Wenn Sie die letzten 25 Jahre ein solches Familien-Kamel waren, wenn die Kinder mittlerweile aus dem Haus sind, aber immer noch ihre Wäsche jede Woche vor Ihre Tür legen, dann können Sie getrost den folgenden Ratschlag überspringen. Dann ist es gelaufen.

Wenn die Kinder aber noch klein sind und die Ehe noch eine vielversprechende Zukunft hat, dann werden Ihnen vielleicht die folgenden Ratschläge ein wenig weiterhelfen. Dann werden Sie noch die Möglichkeit haben, Team-Geist in Ihren Alltag einziehen zu lassen, um nicht irgendwann als das große Lasttier in Ihre Familien-Chronik einzugehen.

Das Schicksal des Familien-Kamels ereilt die Opfer meist schleichend – egal in welcher Familienkonstellation und unabhängig vom Geschlecht. Das betreffende Familienmitglied (statistisch ist es »Mutti«, »Papa« holt allerdings auf) gibt aus Pflichtgefühl, aus schlechtem Gewissen, aus übertriebener

Fürsorge (Nestpflege!) oder anderen Gründen Freizeitraum preis. In das entstandene Vakuum stoßen die anderen Familienmitglieder vor und legen dort nach und nach all die Verantwortlichkeiten ab, die sie auch selbst übernehmen könnten. Die sie aber einem Naturgesetz folgend natürlich lieber in dem angebotenen Raum ablegen.

Je mehr Raum das Familien-Kamel anbietet, desto mehr stoßen die anderen in das Vakuum nach. Bis das Familien-Kamel säckeweise alle Bürden des Alltags trägt und immer weiter trägt. Je nachdem, wie weit dieses Stadium fortgeschritten ist, desto größer werden die Widerstände, wenn das Kamel den Raum zurückzuerobern gedenkt.

Lösung 1: Wehret den Anfängen! Team-Work einfordern! Wenn Sie die ersten Säcke der Bürden auf Ihrem Rücken spüren, dann ist es Zeit, die Notbremse zu ziehen.

- **Rufen Sie den Familienrat zusammen!** Und vermitteln Sie unmissverständlich: Egal, wie viele Köpfe die Familie zählt, sie sind eine Familie! Keine Karawane, in der es nur *ein* Lasttier gibt, das alle anderen antreiben dürfen.

- **Erklären Sie, was Teamwork bedeutet!** Eine Familie ist ein Team, das zusammenarbeitet, das sich umeinander sorgt und kümmert – *jeder* nach seinen Möglichkeiten und Fähigkeiten. Natürlich haben Eltern ein weit höheres Maß an Verantwortung. Und Liebe und Empathie für den Nachwuchs zu empfinden und dies den Kindern auch zu zeigen, ist ihre vornehmste Pflicht. Doch das entbindet kein Familienmitglied davon, Verantwortung für die alltäglich zu erledigenden Dinge zu übernehmen – auch die lieben Kleinen nicht. Selbst die wirklich Kleinen sind in der Lage, im Team Aufgaben zu übernehmen (s.u.).

- **Nicht Hilfe einfordern!** Fordern Sie deshalb weder von Ihrem Ehepartner noch von Ihren Kindern »Hilfe« ein. Sie sind weder hilflos noch hilfsbedürftig. Fordern Sie stattdessen Mit-Arbeit ein. Fordern Sie Mit-Verantwortung ein. Es sollte nie heißen: »Du musst mir beim Wäscheaufhängen *helfen*.« Es sollte immer heißen: »Du bist heute für das Wäscheaufhängen zuständig. Wärst Du so lieb, daran zu denken?«

- **Und: Es gibt nur einen *gemeinsamen* »Feierabend«!** Bei der Ehe-Konstellation mit einem hauptverantwortlichen Familienmanager und einem Hauptverdiener tendiert der Letztere dazu, am Abend nach Hause zu kommen und »Feierabend« einzuklagen. In der Regel hat aber auch der/die Familienmanager/in den ganzen Tag gerödelt. Und zwar nicht zu knapp. Das zu vermitteln ist eine schwierige Mission, an der Ehen auch gerne mal scheitern!

Hilft aber alles nichts. Wer nicht als Familien-Kamel verenden will, muss auf diese Einsicht bei allen Familienmitgliedern bestehen. Und klar machen, dass Kinder zu beaufsichtigen und den Haushalt zu führen keine Fortführung des Urlaubs mit anderen Mitteln ist.

Wenn es abends also noch etwas zu erledigen gibt, ist das eine Gemeinschaftsaufgabe, die alle angeht. Das heißt, theoretisch kann jeder angesprochen werden und zuständig sein. Feierabend haben entweder alle oder keiner.

Lösung 2: Delegieren! Und die Aufgaben in den Familienplaner einbauen!

Es gibt viele Tätigkeiten in einem Haushalt, die sich tagtäglich oder wöchentlich wiederholen.

- **Aufschreiben!** Zunächst einmal sollten Sie gemeinsam mit der gesamten Familie aufschreiben, was alles regelmäßig zu tun ist. Täglich muss irgendjemand den Tisch decken und abräumen, wenn gemeinsam gegessen wird. Die Spülmaschine muss in der Regel täglich ein- und ausgeräumt werden. Vielleicht gibt es einen oder zwei feste Wäschetage in der Woche? Dann muss entsprechend auch die Wäsche aufgehängt und gebügelt werden. Mehrfach wöchentlich muss vermutlich auch gesaugt werden. Und einmal täglich sollen die Kinder vermutlich ihre Zimmer aufräumen. Usw. usf.

- **Verteilen!** Jetzt wird es spannend: Jetzt nämlich sollte sich jedes Familienmitglied nach individuellem Geschmack, nach Fähigkeiten (ein Zweijähriger kommt nicht an die Wäscheleine) und unter Berücksichtigung der feststehenden Ter-

136

mine im Familienplaner (s. S. 116 f.) aussuchen, welche der Aufgaben es übernehmen kann.

- **Dokumentieren!** Die im Familienrat auf diese Weise vorgenommene Verteilung der täglichen und wöchentlich wiederkehrenden Aufgaben sollte anschließend in den Familienplan eingetragen werden. So erspart man sich lästige Diskussionen.

- **Verlosen!** Erfahrungsgemäß finden nicht alle Aufgaben jemanden, der sie freiwillig übernehmen möchte. Was also tun mit dem Rest? Am besten verlosen, und zwar unter denen, die in Frage kommen. Wenn dienstagabends gegen 18.00 Uhr die Wäsche aufgehängt werden soll, muss der Betreffende ja auch da sein.

- **Wöchentlich wechseln!** Für unbeliebte (z. B. Abfalltonnen raustragen) bzw. tagtäglich wiederkehrende Aufgaben (z. B. Tisch abräumen) sollte die Verantwortung wöchentlich wechseln. Machen Sie dazu zum Beispiel den Montag zum Jour Fix. Morgens beim Frühstück oder abends beim Abendessen kann jeweils der Wechsel der Verantwortlichkeiten festgelegt werden.

- **Spontan verteilen!** Es gibt natürlich auch Aufgaben, die zwar regelmäßig, aber in größeren Abständen als einmal die Woche zu erledigen sind (z. B. Fenster oder Hausflur putzen). Solche Aufgaben kann man in den Jahreskalender eintragen. Beim routinemäßigen Blick in den Jahreskalender, um zum Beispiel montags die To-do-Liste zu erstellen, wird man dann auf die Aufgabe stoßen, die in der betreffenden Woche erledigt werden muss. Auch diese Aufgaben können beim Jour Fix besprochen und delegiert werden.

Vorteil: Sicherheit! Die feste Verteilung von Aufgaben, die täglich oder wöchentlich erledigt werden, und ihre Integration in den Familienplan haben den großen Vorteil, dass man sich nicht mehr unnötig verzettelt. Wenn die Reinigung des Bades planmäßig *morgen* durch Klaus erfolgt, muss *ich* mir *heute* keine Gedanken ums Bad machen. Heute ist alleine Bettenbeziehen und Wäsche waschen dran.

Kinder einspannen und motivieren! Kindererziehung ist ein weites Feld. Und die Vorstellungen darüber, was und wie es wohl geht und was dabei rauskommen soll, sind so unterschiedlich wie das Spektrum Farben hat. Eine Erkenntnis jedoch sollte mittlerweile Common Sense sein: Überbehütung und übertriebene Fürsorge vor allem durch Familien-Kamele (Helikopter-Eltern!) tragen nicht zu einer positiven Entwicklung bei. Man sollte Kinder weder unterschätzen noch glauben, dass Kinder immer nur Burgen bauen und Puppen kämmen wollen. Im Gegenteil: Kinder sind in der Regel nicht nur fähig, sondern geradezu willens, sich einzubringen und altersspezifische Aufgaben zu übernehmen. Vor allem dann, wenn sie frühestmöglich damit betraut werden. Wer Kindern von klein auf etwas zutraut und zumutet, wird ihnen zu Selbstständigkeit und Selbstsicherheit verhelfen.

- **Kleinkinder** können sich bereits daran beteiligen, kleinere Dinge vom Esstisch in die Küche zu bringen, sie können sich in der Regel selbst an- und ausziehen, sie können den Rest der Familie zu Tisch rufen und sie können ihren leergelöffelten Joghurtbecher auch selbst entsorgen.

- **Kinder über sechs Jahre** können auch schon ihr Zimmer selbst aufräumen, im Garten helfen, ihre Zahnpastareste im Waschbecken entfernen und sie können durchaus schon mal eine Flasche Milch einkaufen.

- **Kinder über zwölf Jahre** sind bereits für fast jede Tätigkeit im Haushalt einzuspannen: Sie können staubsaugen, den Rasen mähen, Einkäufe tätigen, Wäsche aufhängen, beim Kochen und Backen helfen und – je älter sie sind – auch umfangreichere Reinigungstätigkeiten durchführen.

- **Motivieren nicht vergessen:** Auch wenn die Beteiligung an den gemeinschaftlich anfallenden Aufgaben im Familienalltag eher selbstverständlich sein sollte, kann Motivation nicht schaden. Die kann durch das einfachste Schmiermittel erfolgen, seitdem der Mensch sich als soziales Wesen etabliert hat, nämlich durch Lob. Bei den Kleineren gerne begleitet von einem Küsschen und Streicheleinheiten. Sehr motivierend (bei den älteren) kann aber auch ein weiteres, sehr beliebtes Schmiermittel sein: Geld. Es ist nicht ehrenrührig, die Übernahme bestimmter Aufgaben an die (sowieso fällige) Erhöhung des Taschengeldes zu koppeln oder für die Erledigung besonderer Aufgaben ein paar Euro springen zu lassen.

- **Ansonsten hilft nur erpressen!** Sagen wir, wie es ist: Kinder können schon mal sperrig sein. Versagen die bekannten Schmiermittel, dann hilft im Zweifel nur die Wenn-dann-Koppelung: »Wenn du die Spülmaschine aus- und eingeräumt hast, dann darfst du zum Fußball!« Oder: »Wenn du deine Klamotten sorgfältig im Kleiderschrank verstaut hast, darf Tanja bei uns übernachten.« Die Kinder werden Ihnen natürlich »brutale Erpressung« vorwerfen! Und da haben sie Recht. Aber es funktioniert. Und es hinterlässt in der Regel keine zerstörten Seelen.

139

Problem: Bevor ich meine Kinder oder meinen Ehepartner an den Haushalt lasse, mache ich es lieber selbst. Die machen mir das nicht gut genug! Wenn Ihnen das nicht gut genug ist, was Ihre Kinder und Ihr Ehepartner sich da zusammenfegen und von den Kacheln wischen, dann, tja, dann wird Delegieren natürlich zum Problem. Sie mögen ja durchaus Recht haben. Wer nicht sonderlich geübt ist im, zum Beispiel, Aufräumen von Küchen nach einer heißen Schlacht an simmernden Töpfen und fettspritzenden Pfannen, der hinterlässt trotz subjektiv größter Mühen unter Umständen ein objektiv unbefriedigendes Ergebnis – jedenfalls kann das geübte Auge über die Fettschlieren auf dem angeblich gewienerten Ceranfeld nicht hinwegsehen.

Kinder tendieren zudem dazu, Saubermachen als einen Vorgang zu interpretieren, der sich einfach im Vorgang erschöpft. Und sich nicht am Ergebnis misst. Also wird der Dreck meist nur verteilt, nicht beseitigt. »Aber ich hab den Spiegel doch gewischt. Hat doch jeder gesehen!« »Ja, Spätzchen, aber man sieht im Spiegel ja trotzdem nix. Es geht nicht ums Wischen, verstehst Du? Es geht darum, dass der Spiegel sauber ist. Dass man im Spiegel die ungeschminkte Wahrheit *sieht*. Und nicht nur ahnt!«

Lösung: »Einführungsseminare« und Checklisten! Wem nach erfolgreich vorgenommener Delegation von Verantwortlichkeiten das, was sich der Rest der Familie unter Ordnung und Sauberkeit so vorstellt, nicht reicht, der wird nicht umhin kommen, den übrigen Familienmitgliedern in ein bis zwei Einführungsseminaren zu zeigen, wie es geht bzw. wie man gerne möchte, dass es geht. Einfach nur erklären reicht da nicht.

- **»Seminare«:** Gehen Sie mit Ihrer Tochter ins Bad, und zeigen Sie ihr detailliert, wie man mit welchem Equipment welche Wirkung erzielt und wie ein geputztes Bad auszusehen hat. Gehen Sie mit Ihrem Sohn an die Spülmaschine und zeigen Sie ihm, wie und warum man welche Teller und Töpfe so und nicht anders verstaut. Und zeigen Sie Ihrer Frau bei Gelegenheit mal, dass es an der Waschmaschine sogar Programme für Kurzwäschen und ein Energiesparprogramm gibt.

- **Checklisten:** In der Startphase von neu verteilten Zuständigkeiten hat es sich als hilfreich erwiesen, vor allem für etwas komplexere Reinigungstätigkeiten Checklisten zu erstellen, auf denen Sie noch einmal Step by Step auflisten, in welcher Reihenfolge was genau zu tun ist.
- **Standards:** Machen Sie feste und verbindliche Vorgaben, damit sich alle Beteiligten an diesen Standards orientieren können. Man kann sein Zimmer nämlich so aufräumen und so aufräumen. Zeigen Sie detailliert, was Sie unter »Aufräumen« verstehen.

Problem: Mein Gott, wie viele Jahre ich schon im Stau und in Schlangen vor Kassen verplempert habe!

Trotz aller flexiblen Arbeitszeitmodelle und trotz aller liberalisierten Ladenschlusszeiten: An Kassen und auf Straßen sind Staus so sicher wie in den Tropen der Monsunregen. Und mittendrin wer? Sie!

Und dann wird telefoniert: »Du, Petra, das mit der Kabbala-Lebensanalyse heute Abend im Unity-Gesprächskreis, das klappt nicht bei mir. Ich schaff das nicht mehr. Hab erst auf der Stadtautobahn im Stau gestanden. Und jetzt stehe ich hier im Bio-Markt in einer Schlange so lang wie der Nil. Geh da mal alleine hin. Kannst mir ja morgen dann erzählen, wie es war.«

Und genau das ist das Missverständnis: Sie *stehen* nicht im Stau! Sie *sind* der Stau! Weil Sie das Wesen von Staus nicht verstanden haben oder nicht berücksichtigen. Staus auf der Straße und Schlangen an der Kasse entstehen, wenn sich sehr viele Menschen zur gleichen Zeit über die gleichen Straßen oder durch die gleichen Supermarktgänge schieben. Bis nichts mehr geht. Bis alles steht. So einfach ist das.

Lösung: Antizyklisch handeln! Machen Sie nicht das, was alle machen – jedenfalls nicht zur gleichen Zeit. Es macht einfach keinen Sinn, ohne jede Not mitten in der Rushhour am späten Nachmittag noch mal kurz loszustürmen, um in der City nur mal eben noch irgendwas einzukaufen, wenn Sie um 18.30 Uhr mit Petra verabredet sind.

- **Je freier, desto antizyklischer!** Je freier in der Tagesgestaltung Sie sind, desto besser können Sie sich antizyklisch bewegen. Wenn Sie nur halbtags arbeiten oder Freiberufler sind oder gar keiner bezahlten Arbeit nachgehen, sondern sich allein um den Haushalt kümmern: perfekt! Verlegen Sie alle Einkäufe und Erledigungen auf Tage und Tageszeiten, von denen Sie sicher sein können, dass Sie Ihr Auto und Ihren Einkaufswagen durch menschenleere Straßen und Einkaufszentren lenken. Auch den großen Wochenendeinkauf kann man am Freitag um die Mittagszeit – ganz entspannt – erledigen. Man muss sich nicht am Samstag mit der gesamten Stadtbevölkerung über den Wochenmarkt wälzen.

- **Sprechen Sie mit Ihrem Arbeitgeber!** Wer einen Vollzeitjob hat, ist naturgemäß in seinen Möglichkeiten, sich antizyklisch zu bewegen, eingeschränkt. Gleichwohl: Wenn Sie auch nur den Hauch einer Chance sehen, mit Ihrem Arbeitgeber flexible Arbeitszeiten zu vereinbaren, sollten Sie diese Chance nutzen. Eine halbe Stunde vor der Stau-Welle losgefahren, und Sie sparen bis zur Hälfte der Fahrzeit in der Stau-Welle. Das lohnt sich. Jeden Tag. Jede Woche. Jedes Jahr.

Problem: Mein Gott, wie viele Stunden ich jede Woche im Auto sitze, um an meinen Arbeitsplatz und wieder zurück nach Hause zu kommen!

Sicher, das Haus im Grünen vor den Toren der Stadt, das war Ihr größter Wunsch. Die Ruhe da draußen. Und der schöne Garten. Ein Traum.

Ein Trauma allerdings ist der Weg zum Job. Jeden Morgen schiebt man sich mit gefühlten Millionen PKW und Bussen ins Zentrum. Und abends wieder zurück. Jeden Tag. Stunde um Stunde. Im Auto. Auf der Straße. Nicht selten im Stau. Wie aufregend!

Lösung: Umziehen! Sie mögen diesen Lösungsvorschlag für völlig verrückt halten. Doch Sie sollten vielleicht wenigstens mal *einen* Gedanken daran verschwenden. Und das am besten in Kenntnis der Zahlen, die die Familientherapeuten Matthias Ochs und Rainer Orban in ihrem Buch »Work-Life-Balance für Väter« zusammengetragen haben: Wenn Sie jeden Tag zwei Stunden für die Fahrten zu Ihrem Arbeitsplatz und wieder zurück aufwenden, was ja nicht unüblich ist, wenn man nicht in der beschaulichen Kurzstrecken-Einöde von, sagen wir, Solingen oder Reiferscheid lebt, dann ergeben sich für zehn Jahre bei jährlich angenommenen 220 Arbeitstagen: 4400 Stunden im Auto (oder in der Bahn oder im Bus). Das sind volle 183 Tage!

Wenn Sie also über einen Umzug näher an Ihren Arbeitsplatz den Zeitaufwand der täglichen Fahrten nur um die Hälfte verringern würden, könnten Sie über 90 Tage an Lebenszeit gewinnen, die Sie nicht im Auto oder in der Bahn sitzen. Und jeder dieser 90 Tage hat 24 Stunden. Da kann man doch mal einen Gedanken dran verschwenden! Es gibt so schöne Stadtwohnungen!

Problem: Ich verbringe jeden Tag unendlich viel Zeit damit, nach irgendwelchen Dingen zu suchen!
Unordnung und Chaos sind in der Tat gigantische Zeitfresser. Rechnen Sie mal aus, wie viel Zeit am Tag und folglich im Jahr Sie mit Suchen verbringen. Zum Beispiel nach Ihrem Hausschlüssel, nach Ihrem Handy, nach der Hundeleine und der Sonnenbrille. Weil Sie diesen Dingen partout keinen festen Platz zuordnen, an denen man sie nicht sucht, sondern findet.

Gut, dafür haben Sie die Zeit jetzt nicht. Also hier für Sie die Rechnung: Wenn Sie im Schnitt allein für das Suchen der Dinge des alltäglichen Gebrauchs pro Tag knapp sechs Minuten benötigen (und das ist konservativ geschätzt!), verbringen Sie im ganzen Jahr allein dafür 35 Stunden! Das ist eine ganze Arbeitswoche (s. S. 15).

Ordnung an sich ist jedoch kein Wert. Jeder muss für sich allein entscheiden, mit welchem Maß an Ordnung bzw. Unordnung er sich wohl fühlt. Wenn Ihnen jedoch der mit einem Übermaß an Unordnung zwangsläufig einhergehende Zeitverlust durch Suchen auf die Nerven geht, dann sollten Sie vielleicht mal über ein ganz einfaches Prinzip nachdenken: Unordnung lässt sich am besten verhindern, indem man sie gar nicht erst zulässt.

Lösung 1: Unordnung in dem Moment verhindern, in dem sie zu entstehen droht!
Es ist Winter. Sie kommen nach Hause, ein wenig gehetzt, weil Sie heute Abend ja noch zu Klaus zum Geburtstag eingeladen sind.

Mit Betreten der Wohnung machen Sie einen Rundgang, rufen nach den Kindern, schauen nach der Post etc. Ihren Mantel schmeißen Sie erst mal über den Stuhl in der Küche, wo Ihre Frau/Ihr Mann gerade die Spülmaschine bestückt und die Kinder am Tisch sitzen und malen. »Hallo ihr zwei, naa, geht's euch gut? Hallo Schätzchen! Du denkst dran, wir sind heute Abend bei Klaus. Der hat Geburtstag.«

Die Arbeits-(oder Hand-)tasche legen Sie im Wohnzimmer ab, wo Sie die Handschuhe auf dem Sideboard mit den Getränken deponieren, weil Sie sich als erstes Mal einen Drink eingießen, um den Stress des Tages runterzuspülen. Dann gehen Sie zum Schreibtisch, um die Post zu checken. Die Schlüssel legen Sie unterwegs selbstvergessen ins Regal. Am Schreibtisch nehmen Sie Ihr Handy aus der Hosentasche und legen es auf den Drucker.

Etwas später gehen Sie (oder Ihr Partner) an die Schublade, nehmen eine Schere, Tesafilm und ein Geschenkband heraus, weil Sie noch das Buch für die Geburtstags-

144

party am Abend verpacken müssen. Das Geschenkpapier holen Sie aus der kleinen Abstellkammer. Wenn Sie dann das Haus verlassen, um zum Geburtstagsempfang zu gehen, liegen Geschenkpapier, Schere, Tesafilm und die Schweißfolie des Buches auf dem Küchentisch – neben und über den Malutensilien der Kinder und drei Kaffeetassen mit den eingetrockneten Resten vom gestrigen Frühstück. Die Schublade und die Tür zur Abstellkammer bleiben offen.

So einfach ist es, Unordnung herzustellen! Noch ein paar Handgriffe mehr, und es herrscht das komplette Chaos!

Dabei ist es so einfach: Legen Sie grundsätzlich die Dinge, die Sie brauchen, wieder dahin, wo sie hingehören, und wo Sie sie hergenommen haben. Und zwar unmittelbar nach ihrem Gebrauch. Die Schere gehört in die Schublade, wenn Sie das Geschenk eingepackt haben! Alle anderen Utensilien auch. Und dann schließen Sie die Schublade und die Tür zur Abstellkammer. Sofort. Nicht erst morgen.

Und Mantel, Arbeitstasche, Schlüssel, Handschuhe und Handy sollten einen festen Standort haben, wo man Sie hinlegt oder hinhängt, sobald man die Wohnung betritt – und wo man sie findet, wenn man die Wohnung verlassen will. All diese Handgriffe kosten Sie lediglich Sekunden. Im Idealfall ist das der einfachste Weg, Unordnung zu verhindern! Und um später nicht zeitintensiv suchen zu müssen.

Lösung 2: Für Jung und Alt – der Aufräum-Korb! Das Leben ist jedoch selten der Idealfall. Das Leben in Familien mit Kindern, ist – ordnungstechnisch – eher das Gegenteil vom Idealfall. Ordnungstechnisch sind Kinder der GAU! Breiten sich mit ihrem Spielzeug aus wie Efeu, lassen alles liegen, die lieben Kleinen. Das gehört zum Spielen mit Legosteinen und Puzzles und Ritterburgen und Bobby-Cars aber nun mal dazu. Und wer wollte es ihnen verwehren?

Wenn also der Idealfall nicht oder nur ansatzweise realisierbar ist, dann sollte man wie in jedem Kindergarten oder in jeder Schule auch zuhause Aufräumzeiten vereinbaren, um wenigstens einmal am Tag wegzuräumen, was da so alles rumliegt – am besten abends vor dem Abendessen.

Als sehr hilfreich hat sich zu diesem Zweck für Kinder wie für Erwachsene ein einfaches Utensil erwiesen: der Aufräum-Korb. Besorgen Sie sich einen großen, stabilen Korb, groß und stabil genug, dass er beim abendlichen Rundgang durch Ihre Wohnung alle Schlappen und Zeitungen und Fernbedienungen und Bücher und Socken aufnehmen kann, die man dann auf einer weiteren Runde durch die Zimmer dahin zurücklegt und –stellt, wo sie hingehören.

Problem: Ich verbringe vor allem morgens, wenn's schnell gehen muss, jeden Tag unendlich viel Zeit damit, nach Schlüssel, Handy und Co. zu suchen!

Lösung 1 Richten Sie Startrampen ein – egal wo! (s. dazu S. 84)

Lösung 2 Bereiten Sie abends den Morgen vor! (s. dazu S. 85 f.)

146

SOZIALE ZEIT-FRESSER – PROBLEME UND LÖSUNGEN

Von Wölfen, Wolfgang, Susanne und Frau Bellingrath

Der Mensch ist ein soziales Wesen. Und diese Aussage eine Binse. Gleichwohl sei sie vorweg in Erinnerung gerufen. Denn wären wir einsame Wölfe, hätten wir bestimmte Probleme nicht. Wenn wir einsame Wölfe wären, die durch die Wälder ziehen, müssten wir allein auf unsere Instinkte achten und allein unseren Bedürfnissen folgen. Weil wir aber soziale Wesen sind, müssen wir auch auf – sagen wir – Frau Bellingrath Rücksicht nehmen. Oder auf Wolfgang. Oder Susanne.

Wolfgang, Susanne und Frau Bellingrath sind quasi des Pudels Kern. Denn erstens existieren sie und zweitens haben sie, ebenso wie wir, Bedürfnisse und Wünsche und im schlimmsten Fall eine eigene Meinung – und zwar zu allem. Wolfgang, Susanne und Frau Bellingrath stehen stellvertretend für all die Menschen, mit denen wir tagtäglich zu tun haben: mit Kolleg(inn)en, Bekannten, Kund(inn)en, Freund(inn)en, Vereinsmitgliedern, Nachbar(inne)n oder Verwandten.

Die eine liebt Wolfgang, der andere hasst Frau Bellingrath. Einem weiteren sind beide gleichgültig, dem nächsten ist Wolfgang ein angenehmer, charmanter Gesprächspartner. Und der übernächste will nur eins von Frau Bellingrath: Scx!

Woraus ersichtlich wird, dass soziales Miteinander ein extrem vielschichtiges und komplexes Phänomen ist und auf den unterschiedlichsten Ebenen den unterschiedlichsten Interessen und Zielen dient. Und was der eine mit der anderen kann und will, will und kann der andere mit der einen nur bedingt oder eben überhaupt nicht.

Jede Interaktion kostet Zeit Doch seien sie noch so unterschiedlich, eins ist allen sozialen Interaktionen gemein – wer mit Menschen kommuniziert, mit ihnen arbeitet, mit ihnen seine Freizeit verbringt, mit ihnen lebt, der gibt diesen Menschen ein kostbares Gut: Zeit!

Oft gibt man die Zeit gerne. Oft *muss* man sie geben. Manchmal gibt man auch zu wenig, zum Beispiel seinen Kindern oder dem Partner – oder sich selbst. Weil an anderer Stelle bereits zu viel Zeit gefressen wurde. Und so gibt man sich alle Mühe, die verlorene Zeit zurückzuerobern.

Zeiträuber rauben Zeit Angesichts all dessen mutet es besonders perfide an, wenn die Zeit, dieses teure Gut, durch andere Menschen niederträchtig geraubt wird – gegen den Willen des Zeitgebers! Geraubt! Gleichgültig und gewissenlos! Auf der Straße, in den eigenen vier Wänden, im Büro – wo auch immer!

Doch wo beginnt der Tatbestand des Zeitraubs? Die Antwort ist einfach: Wenn Wolfgang vor Ihnen steht oder Susanne oder Frau Bellingrath Ihnen in den Ohren liegt und – Minute um Minute, Stunde um Stunde – Ihrer Zeit in Beschlag nimmt. Mit irgendwelchen Belanglosigkeiten. Oder haltlosen Vorwürfen. Oder unverfrorenen Bitten. Und immer weiterredet. Gegen Ihren Willen! Weil Sie Ihren Willen einfach nicht durchzusetzen vermögen. Weil Sie hilflos sind, weil Sie keine Strategien kennen, wie man sich gegen die Wolfgangs und die Bellingraths dieser Welt wehrt, wie man sich ihnen entzieht.

Sie werden also im Folgenden einige Tipps erhalten, wie man sich die dreistesten Zeiträuber vom Hals hält, wie man lernt, Nein zu sagen. Wie man die Quasselstrippen, die Antriebslosen (an deren Stelle man glaubt aktiv werden zu müssen) und die Nassauer (die immer glauben, man müsse alles für sie umsonst machen) in ihre Schranken verweist.

Zeiträuber killen – sozialen Ballast aussieben! Als soziale Wesen sind wir alle natürlich eingebunden in mehr oder weniger große soziale Netzwerke: Familie, Freunde, Kolleginnen und Kollegen, Bekanntschaften und Nachbarschaften. Und vielen Personen dieser Netzwerke können wir uns nicht entziehen, selbst wenn wir es wollten. Die meisten dieser Nervensägen kann man nur auf Distanz halten, geschickt ausbremsen, ihre Waffen entschärfen. Dazu später mehr (s. S. 153 ff.).

Neue Zeiten, neue Perspektiven – alte Lasten? Manche Nervensägen allerdings kann man mehr oder weniger umstandslos vor die Tür komplimentieren. Vor allem in jenen Lebensbereichen, in denen es keine direkten Abhängigkeiten gibt. Zum Beispiel all die »Altlasten« im Freundeskreis, die man seit Jahren mit sich schleppt, obwohl sie einem eigentlich nur auf den Wecker gehen. Oder all die Quälgeister im weiteren Bekanntenkreis, diese Satelliten, die um die Fixsterne der wirklich engen Freundschaften fliegen. Da kann man hin und wieder aufräumen, Ballast abwerfen, aussieben!

Uuiii, das hört sich jetzt aber grausam an! Herzlos, kalt, zynisch. Wir reden hier doch über Menschen! Ja, richtig, wir reden über Menschen. Aber es gibt nun einmal Menschen, zu denen man in bestimmten Lebenssituationen zwar eine enge Beziehung aufbaut, aber genau diese Beziehung überlebt sich manchmal. Weil die Rahmenbedingungen sich geändert haben. Weil Leben nun mal Bewegung bedeutet. Und Bewegung bedeutet Perspektivwechsel. Und mit einem Perspektivwechsel ändern sich oft auch die Lichtverhältnisse, in denen man Menschen sieht. Und dann sieht man irgendwann, dass es einfach nicht mehr passt.

Zum Beispiel Rudi und Uschi Irgendwann passt es zum Beispiel nicht mehr mit den alten Freunden aus den Zeiten, als die Kinder noch gemeinsam in den Kindergarten gingen. Die hat man damals auf dem ersten Elternabend kennengelernt.

Wie oft war man mit denen und den Kindern auf dem Spielplatz – neben dem schönen Biergarten. Mein Gott, was war das schön damals: in der Sonne ein Bier und die Kinder spielten den ganzen Nachmittag auf Rutsche und Leiter, im Kriechtunnel und im Sand.

Waren alle nett eigentlich. Besonders Uschi und Rudi. Rudi war Ergotherapeut, der in der Behinderteneinrichtung vom Landeskrankenhaus diese Probleme mit der Frauenbeauftragten hatte. Wollte ihm tatsächlich die Leitung der Abteilung verwehren! Die Frauenbeauftragte! Dem Rudi! Ausgerechnet dem Rudi! Haben wir gelacht! Damals.

Und Uschi, die Grundschullehrerin, was war die fürsorglich. Was war die nett zu den Kindern. Ein soo großes Herz hatte die! Und was hat die nicht alles unternommen, um den Kindern was zu bieten. Und die Kinder, ein Herz und eine Seele waren die. Da deuteten sich doch Sandkastenfreundschaften fürs Leben an.

Und so gingen die Jahre ins Land. Und irgendwann waren die Kinder größer, gingen getrennte Wege. Ganz unspektakulär. Aber mit Rudi sitzt man immer noch im Biergarten. Nur, dass Rudi jetzt Kamillentee trinkt. Rudi hat es nämlich zerrissen. War nix mit der Leitung. Die Frauenbeauftragte war härter als gedacht. Rudi lacht jetzt auch nicht mehr. Rudi meditiert jetzt. Sitzt jetzt zuhause stundenlang vor der Wand, mit Räucherstäbchen. Im Schneidersitz. Pilgert hin und wieder auch als »Mönch« nach Frankreich. Zum Guru. Wegen der inneren Erleuchtung. Und vor allem wegen dem Stress. Mit der Frauenbeauftragten. Und weil Emanzen diese Welt zu so einem unwirtlichen Ort gemacht haben.

Und Uschi? Die gute Uschi? Ist einfach nur noch schrecklich betulich. Und immer so schnell verletzt und versteht irgendwie auch überhaupt keinen Humor mehr. Nimmt sich das Schicksal von Rudi so zu Herzen. Und das Schicksal ihrer Schüler. Läuft jedes Mal über, wenn man sich trifft. Kann nicht aufhören, über all die tagtäglichen Dramen an ihrer Grundschule zu berichten, über all die Tragödien an der Pausenmilchfront.

Das Problem: Rudi und Uschi nerven nur noch! Wenn Sie ehrlich zu sich selbst sind: Die beiden gehen Ihnen eigentlich schon seit Jahren einfach nur noch auf die Nerven. Kein Wink mit dem Zaunpfahl, kein noch so offenkundiges Desinteresse an den gebetsmühlenhaft vorgetragenen Litaneien von Uschi und Rudi haben auch nur irgendeine Wirkung gezeigt. Und jetzt reicht's!

Bei Ihnen heißen Rudi und Uschi vielleicht anders und die Gründe mögen auch ganz andere sein. Aber irgendwie hat jeder solche Problemfälle aus der Vergangenheit in seinem Freundes- und Bekanntenkreis. Und man tut sich schwer damit einzugestehen, dass sie nur noch nerven. Man fühlt sich nicht gut dabei, das offen auszusprechen. Obwohl man es insgeheim weiß und genau spürt. Doch die Rudis und Uschis dieser Welt sind nun einmal üble Zeiträuber: Sie fressen Ihre Zeit!

Sie aber wollen Ihre Zeit einfach nicht mehr auf dem Altar kulturpessimistischer Depressionen und weltabgewandter Pädagogen-Parallelwelten opfern! Bei aller Liebe nicht, und auch aus alter Verbundenheit nicht. Es wäre also an der Zeit, darüber nachzudenken, sich dieser Zeiträuber elegant zu entledigen.

Die besten Strategien

- **Die offene Aussprache.** Wer den großen Auftritt liebt, wer an die romantische Kraft der hehren Ehrlichkeit glaubt, kann die offene Aussprache suchen. Es gibt ja Uschis und Rudis, die sich freimütig vorgetragene Vorhaltungen zu Herzen nehmen – und sich ändern, jedenfalls bemühen sie sich. Ist aber selten. In der Regel hinterlässt man nur zerschlagenes Porzellan. Dann aber hat man es wenigstens aus dem Kopf. Ist in jedem Fall unangenehm und in der Regel mit erhöhtem Puls einhergehend – manchmal aber unausweichlich.

- **Die Einschläferungstaktik.** Wer es ein wenig unaufgeregter liebt, und wer vor allem nicht ausschließt, dass man sich später vielleicht doch noch einmal annähert, sollte ein wenig behutsamer und charmanter vorgehen.

- **Die kleine Einladung.** Wenn Sie eingeladen oder gefragt werden, ob man sich nicht zu zweit oder zu viert treffen solle, dann haben Sie fortan einfach keine Zeit: Zuviel Arbeit, die Familie kommt zu Besuch, Sie sind schon verabredet mit Kollegen, Sie sind müde oder krank oder beides oder was auch immer. Ziehen Sie diesen Stiefel über Monate – und mit den Worten des Bedauerns – gnadenlos durch.
- **Die große Einladung.** Wenn Sie eingeladen oder gefragt werden, ob Sie nicht auf die große Geburtstagsparty kommen wollen, sagen Sie ruhig zu. Hin und wieder. In großer Gesellschaft sind Rudi und Uschi in der Regel zu ertragen.
- **Wenn Sie einladen ...** Sie selbst laden nur noch in immer größer werdenden Abständen zu größeren Veranstaltungen ein.

Wichtig 1: *Sie* steuern die Frequenz der Treffen! Ob Sie selbst einladen oder eingeladen werden: Sie sind es, der die Häufigkeit und die Rahmenbedingungen der Treffen bestimmen. So haben Sie die Möglichkeit, den Kontakt entweder auf Sparflamme noch ein wenig köcheln zu lassen, in der Hoffnung, dass sich die Zeiten ändern. Oder Sie haben die Möglichkeit, die Beziehung ganz langsam komplett einschlafen zu lassen. In der Regel werden die Zeichen verstanden – unausgesprochen.

Wenn nicht, wird man um eine Aussprache nicht umhinkommen. Und dann werden sich Uschi und Rudi Ihre Vorhaltungen entweder zu Herzen nehmen und sich ändern – oder es scheppert.

In jedem Fall haben Sie in Zukunft mehr Zeit!

Wichtig 2: Sie haben kein schlechtes Gewissen! Tun Sie sich selbst den größten Gefallen: Belasten Sie sich nicht mit einem schlechten Gewissen. Bei aller sozialen Verantwortung für Ihre Mitmenschen, Sie sind nicht Mutter Theresa und auch kein Kontakthof. Was nicht mehr passt, passt einfach nicht mehr. Zumal: Rudi und Uschi sind ja nicht alleine! Rudi hat seine Mönche. Und Uschi ihr Kollegium. Da werden sie verstanden.

Zeiträuber ausbremsen – Nervensägen zähmen! Wo keine Abhängigkeiten das Verhältnis bestimmen, kann man (theoretisch) relativ frei darüber befinden, ob und welchen Zeiträuber man sich wie weit vom Hals hält. Leider basieren die meisten sozialen Netzwerke aber nun einmal auf mehr oder weniger intensiven Abhängigkeiten. Ob in der Familie, am Arbeitsplatz oder in der Nachbarschaft – man kann sich allzu oft nicht aussuchen, mit wem man da durchs Leben schreitet.

Soziale Netzwerke sind zwar kein Wunschkonzert ... Den lästigen Mitarbeiter aus der Kartonage-Abteilung zum Beispiel, den wird man nicht entlassen, nur weil Sie finden, dass dieser Wellpappenfreak mit seinem permanenten Endlos-Gequatsche über Faltschachteln, Kistenpappe und Schichtsilikat aus zweidimensional verknüpften SiO_4-Tetraedern als ultimatives Polstermaterial eine intellektuelle Zumutung ist.

Auch Nachbarn sind nun einmal da, auch wenn man bei dem ein oder anderen beginnt, vom finalen Inferno, von der Mutter aller Maschendrahtzaunkriege zu träumen. Und Onkel Herbert, das alte sexistische Lästermaul, lümmelt sich jedes Mal anlässlich Mutters Geburtstag auf der Wohnzimmercouch. Aber Sie können Ihrer Mutter nun mal nicht vorschreiben, wen sie einlädt – und wen nicht.

Man kann die meisten dieser Nervensägen also nicht aus seinem Lebens-Universum auf einen anderen Planeten beamen. Soziales Miteinander ist (in Teilen) nun mal kein Wunschkonzert.

... deswegen müssen Zeiträuber aber nicht die erste Geige spielen! Mit vielen Zeitgenossen kommt man ja zudem klar. Manche, wie Onkel Herbert, nerven, man sieht sie aber nur selten. Viele dieser Zeitgenossen sind einem einfach egal, sie verursachen auch keine größeren Störfelder. Doch manche sind, wie im privaten Freundes- und Bekanntenkreis, wahre Zeitfresser.

Da sind diese Quasselstrippen, die einem am Telefon und im Büro, auf dem Gang oder in der Kaffeeküche ein Ohr abkauen. Da sind diese Nassauer und Schnäppchenjäger, die glauben, dass andere allein dafür geboren sind, ihnen zu Diensten zu sein – und zwar jederzeit und vor allem umsonst. Und da sind die, die sich antriebslos durchs Leben treiben lassen – und sich darauf verlassen, dass andere, und im Zweifel eben *Sie,* schon machen, was gemacht werden muss.

Das Problem: Man muss sich mit all diesen Menschen arrangieren. Was in diesen Fällen heißt: Man muss sich ihnen entziehen, ihnen Grenzen zeigen, sie ins Leere laufen lassen oder ausbremsen. Und das alles ohne Aggression, ohne Gewalt und unter Einhaltung aller Regeln der Höflichkeit, denn Sie befinden sich nicht im Krieg, sondern lediglich in einem zivilen Prozess der Rückgewinnung Ihrer Zeitautonomie.

Das Problem lösen müssen Sie! Das eigentliche Problem stellen zwar die Nervensägen, die sozialen Zeitfresser dar. Doch das Problem lösen müssen *Sie,* die Sie unter den Zeiträubern leiden. Und der eine oder die andere von Ihnen wird ein wenig an sich arbeiten müssen. Sie werden nicht umhin kommen, Ihre eigenen Verhaltensmuster, Ihre Gewohnheiten zu hinterfragen und zu ändern. Neue Verhaltensmuster werden Sie ein wenig trainieren müssen. Dann aber wird es eine relativ lässig zu lösende Aufgabe sein, die wichtigsten Strategien gegen die größten Zeiträuber im Alltag erfolgreich umzusetzen und ihnen den Wind aus den Segeln zu nehmen.

Problem: Mein größtes Problem ist, dass ich grundsätzlich nicht »Nein« sagen kann! Endlich Feierabend, endlich zuhause. Jetzt nur noch raus aus dem Wagen, raus aus dem Jackett, Freizeitklamotten anziehen und dann ab in den Garten. Was für ein toller Tag. Was für ein schöner Sommer! Ach, da kommt ja Sabine, die Nachbarin. Was die jetzt wohl wieder will?

»Grüß Dich. Naa? Feierabend? Schöner Tag heute, ne? Sag mal, ich fahr doch jetzt für vier Wochen in Urlaub. Wär' das ein Problem für euch, wenn ihr euch während-dessen um meinen Garten kümmern würdet? Ihr wisst ja, meine Eltern wohnen am anderen Ende der Stadt. Das will ich denen nicht zumuten. Und ihr wisst doch jetzt wie es geht.«

Und Sie denken: »Ach du Scheiße! Was will die? Das haben wir *einmal* vor zwei Jahren gemacht. Das war eine höllische Arbeit. Die hat ja keinen Garten, die hat einen botanischen Park. Und man darf im Sommer immer nur am frühen Abend gießen und sprengen, weil sonst die Pflanzen verbrennen. Statt im eigenen Garten zu liegen, haben wir da nach Feierabend den Gärtner gespielt. Jeden Tag. Stunden-lang. Und was war das nachher für ein Theater, weil da drei Stauden eingegangen waren und wir die abgeblühten Blüten nicht abgeknipst hatten. Neeee, nie wieder. Außerdem sind die Eltern Rentner. Die haben alle Zeit der Welt. Und wenn die nicht, dann könnte sich Sabine locker einen Gärtner leisten. Seit der Scheidung schwimmt die doch im Geld!«

Aber Sie hören sich sagen: »Ja, also … ich meine, gerne, ich mein …, ich weiß zwar nicht was Martina wohl dazu meint …«

»Ooch«, fällt Ihnen da die Nachbarin ins Wort, »hör mal, die hat doch be-stimmt Spaß daran. Die ist doch so gerne an der frischen Luft. Ich schmeiß euch dann den Schlüssel morgen früh in den Briefkasten. Bis dahin. Und arbeitet nicht zu viel …« Augenzwinkern und Tschüss!

Tja, das war's. Jetzt haben Sie den Klotz am Bein. Und warum? Weil es Ihnen unangenehm war, »Nein« zu sagen. Ohne schlechtes Gewissen. Ja, natürlich, es gibt viele Gründe, warum wir Probleme mit dem Wort »Nein« haben (s.u.). Es gibt allerdings auch viele Wege, auf Anfragen und Bitten, die man einfach nicht erfüllen möchte, ein erfolgreiches »Nein« zu formulieren, ohne ein schlechtes Gewissen zu haben.

Lösung: Fünf Möglichkeiten, charmant »Nein« zu sagen!

- **Das offene und erklärende »Nein«!** Im vorliegenden Fall hätte sich ein offenes und entwaffnendes »Nein« in etwa so angehört: »Sorry, Sabine, aber das haben wir einmal *gemacht*. Du erinnerst dich. Das war eine Höllenarbeit, du hast ja einen Park! Also, sei uns nicht böse, aber das tun wir uns nicht noch einmal an. Wir haben ja auch noch unseren eigenen Garten. Da wirst du dir leider was anderes einfallen lassen müssen.«

  Das offene »Nein« erfolgt also freimütig, höflich und nüchtern erklärend. Man muss noch nicht einmal lügen. Sie sagen einfach die Wahrheit. Es ist Ihnen zu viel. Egal, um was es geht. Wenn es Ihnen zu viel ist, sagen Sie es! Wenn Ihr Gegenüber das nicht versteht oder akzeptiert und deswegen beleidigt ist: Bitteschön, soll er doch. Und wenn sich dieses Spiel wiederholt und das Beleidigtsein irgendwann zum Dauerbrenner wird, dann lassen Sie die betreffende Person ziehen. Mit solchen Menschen werden Sie nicht glücklich, es sei denn Sie erfüllen alle ihre Wünsche.

- **Das »Nein« mit Lösungsvorschlag.** Entwaffnend ist immer ein Lösungsvorschlag. Der lenkt wie ein Blitzableiter von Ihnen ab. Im vorliegenden Fall hätte sich ein Lösungsvorschlag zum Beispiel so anhören können: »… da wirst du dir leider was anderes einfallen lassen müssen. Deine Eltern kommen doch bestimmt gern, auch wenn die durch die ganze Stadt müssen, die haben doch Zeit! Oder wie wär's denn mit einem Gärtner? Ich kenn da einen. Ich geb dir gleich noch eben die Telefonnummer durch. Und einen schönen Urlaub wünsch ich dir!«

  Das »Nein« mit Lösungsvorschlag lässt sich in sehr vielen Situationen anbringen – auch am Arbeitsplatz. Wenn eine Zusatzaufgabe unendliche Überstunden bedeuten würde: »Ich bin noch mit dem Projekt X bis nächste Woche komplett zu. Da müssen wir (solidarisch!) uns eine andere Lösung einfallen lassen: Reicht's nicht im Anschluss an mein Projekt? Oder vielleicht könnten wir(!) den Müller fragen, ich glaub der hat gerade sein Projekt Y abgeschlossen.«

- **Das Bedenkzeit-»Nein«.** Das perfekte »Nein« für alle, die nicht schlagfertig genug und gerne mal um eine spontane Ausrede verlegen sind. Beispiel: Erika ruft an und möchte ihre Kinder bei Ihnen nachmittags parken. Passt Ihnen gar nicht, da wollten Sie eigentlich mal in Ruhe die Versicherungsunterlagen ordnen. Ihre Kinder können sich ganz gut selbst beschäftigen. Aber wenn die zwei von Erika dabei sind, gibt's immer Zoff.

Sie sagen aber nicht sofort »Nein«, sondern bitten sich Bedenkzeit aus: »Du, kann ich dir im Moment nicht sagen, ob das klappt. Ich muss da in meinem Kalender nachschauen, ich glaub, morgen Nachmittag war was. Ich ruf dich gleich zurück!«

Jetzt haben Sie Zeit, sich eine Ausrede einfallen zu lassen, damit Erika nicht anfängt zu nörgeln, dass man das mit den Versicherungsunterlagen ja schließlich auch übermorgen oder nächste Woche noch erledigen kann: »Du Erika, das mit morgen klappt nicht. Da kommt unsere Anlageberaterin. Da brauch ich Ruhe!«

- **Das vertröstende »Nein«.** Ein ideales »Nein« für alle überraschend und sehr kurzfristig angetragenen Wünsche: »Kannst du grad mal rüberkommen und mir helfen, den Keller auszumisten? Morgen ist doch Sperrmüll.« Das kommt jetzt wie ein Überfallkommando! Und Keller ausmisten, das ist überhaupt nicht Ihr Ding. Heute nicht. Und auch in vier Wochen nicht.

  Also kommt jetzt das vertröstende »Nein«: »Kann im Moment hier nicht weg. Die Klassenlehrerin wollte irgendwann zwischen 16.00 und 19.00 Uhr anrufen. Vielleicht können wir das ja beim nächsten Sperrmülltermin gemeinsam machen.« Den aber wird es nicht geben. Also den Sperrmülltermin schon, aber nicht den *gemeinsamen*. Weil Sie nämlich exakt an diesem Tag bereits eine feste Verabredung im Kalender stehen haben.

- **Das prinzipielle »Nein«.** Bietet sich überall dort an, wo Prinzipien nachvollziehbar und akzeptiert sind. Mit einem prinzipiellen Nein unterbinden Sie jede Diskussion und jedes lästige Drängeln: »Sonntags gehört der ganze Tag grundsätzlich der Familie. Da geht gar nichts!« Oder: »Sorry, aber mein Auto verleihe ich grundsätzlich nicht!« Und schon gar nicht, wenn Sie statt mit Ihrem Auto mit öffentlichen Verkehrsmitteln (viermal Umsteigen!) ins Büro sollen. Nur weil Ihr Bekannter mit seinem flotten, aber leider restlos unterdimensionierten Zweisitzer zu geizig ist, sich den Palisadenzaun liefern zu lassen, obwohl er dreimal die Kohle dafür hätte.

Wichtig 1: Der Ton macht die Musik! Bleiben Sie höflich! Floskeln wie: »Ich hätte Ihnen wohl gerne geholfen, aber …« oder »Das tut mir jetzt schrecklich leid, aber …« signalisieren Bedauern und Wertschätzung des Gegenübers. Sie wollen ja mit einem »Nein« niemanden verletzen. Und wenn Sie niemanden verletzen, dann brauchen Sie auch kein schlechtes Gewissen zu haben.

Wichtig 2: Bleiben Sie konsequent! Es ist wie in der Kindererziehung: Wenn Sie ein einmal gesagtes »Nein« zurücknehmen, dann seien Sie sicher: Man wird alle weiteren »Neins« nicht mehr ernst nehmen und Sie jedes Mal so lange bearbeiten, bis Sie erneut einknicken. Also: »Nein« heißt »Nein«!

Wichtig 3: Sagen Sie niemals »eigentlich«! Egal, welche der Nein-Strategien Sie situationsbedingt bevorzugen, mit einem fahrlässig eingestreuten »eigentlich« sind Sie erledigt! »Eigentlich hab ich keine Zeit« oder »Eigentlich wollte ich noch …« heißt so viel wie: »Na gut, um was geht's, was soll ich tun?« Also: »Eigentlich« streichen Sie aus Ihrem Wortschatz!

Nein, nein, nein! Dass es vielen Menschen so schwer fällt, in der entscheidenden Situation »Nein« zu sagen ist eigentlich ein gutes Zeichen. Zeugt es doch in der Regel von einer Geisteshaltung, in der Höflichkeit offenbar eine größere Rolle spielt. Und Höflichkeit ist ein angenehmes Schmiermittel für das soziale Zusammenleben.

Es kostet den höflichen Menschen oftmals Überwindung, »Nein« zu sagen, weil er doch eigentlich hilfsbereit sein will, weil er niemanden beleidigen oder vor den Kopf stoßen möchte, weil er vielleicht auch Angst davor hat, Sympathien einzubüßen. Alles honorige Gründe. Doch diese weit verbreiteten Ängste vor einem »Nein« sind unbegründet:

Ein »Nein« ist unhöflich? Nein, ein klares bekennendes »Ja«, wenn es von Herzen kommt und die damit verbundene Zusage auch eingehalten werden kann, wird zwar jeden Bittsteller freuen. Ein klares bekennendes »Nein«, weil man keine Zusage erteilen kann oder will, ist hingegen nicht unhöflich. Unhöflich wäre vielmehr, »Ja« zu sagen, »Nein« zu meinen und die zugesagte Hilfe oder Unterstützung nur halbherzig oder übellaunig zu gewähren. Damit wäre niemandem geholfen.

Ein »Nein« macht unbeliebt? Nein, ein »Nein« zeugt von Selbstsicherheit. Und selbstsichere Menschen haben weitaus größere Sympathiewerte als konturlose und beliebige Weicheier, die zu allem Ja und Amen sagen. Bei jemandem, der freimütig eine Bitte auch einmal abschlägt, weiß man, woran man ist und dass im Gegenzug ein »Ja« ehrlich gemeint ist. So kann man als Bittsteller eine Zusage auch mit gutem Gewissen annehmen.

Ein »Nein« ist egoistisch? Ja, natürlich, aber was ist gegen einen gesunden Egoismus einzuwenden, solange Sie nicht zum Totalverweigerer degenerieren? Nichts!

Problem: Ich kann die Bitten um Gefälligkeiten einfach nicht abschlagen!

Einen besonders perfiden Zeitfresser stellt das Phänomen des besonders im Freundes- und Bekanntenkreis eingeforderten Freundschaftsdienstes dar. Wobei Freundschaft in diesem Zusammenhang ein durchaus dehnbarer Begriff ist. Nach 40 Jahren melden sich da plötzlich alte Schul»freunde« mit der Bitte um eine Gefälligkeit. Und beim Weihnachtsfest im Tennisclub mutieren Vereinsmitglieder, die man bis dahin nur vom Sehen kannte, zu Tennis»freunden«, wenn sie spitz kriegen, dass man ein Parketthaus leitet: »Was für ein Zufall: Wir renovieren gerade!«

Ob es der Rechtsanwalt ist, den man darum bittet, sich doch mal dieser Verkehrssache anzunehmen und einen Brief zu schreiben, weil das doch bei der Versicherung Eindruck mache, oder der Schreiner, den man bittet, doch mal dieses Problem mit dem Hochbett zu lösen, weil man selbst doch handwerklich ein wenig ungeschickt sei: Es handelt sich um eine besonders perfide Methode, einen Vorteil auf Kosten anderer zu suchen, weil der Bittsteller unausgesprochen auf ein gefühltes Recht auf Hilfestellung pocht, die zu verweigern der Angesprochene kaum wagen wird, um sich nicht dem befürchteten Vorwurf auszusetzen, in Notlagen nicht behilflich zu sein.

Engen Freunden und Verwandten gegenüber kann man in der Regel eine ablehnende Haltung erläutern und darf auf Nachsicht hoffen. Doch was macht man mit dem Heer der entfernten Bekannten? Was macht man mit den kürzlich erst auf dem Schulfest kennengelernten Eheleuten, die plötzlich ihre Sympathien für Sie entdecken, seit sie wissen, dass Sie Architekt sind, und dann nachfragen, ob Sie da nicht mal einen Blick auf die Umbaupläne der alten Gründerzeitvilla werfen könnten. Bezahlen könne man da allerdings nichts, weil der Umbau ja schon so teuer sei.

Lösung 1: Bittsteller empfängt man im Büro oder in der Werkstatt. Wer sich diese Nassauer-Klientel vom Hals halten möchte, sollte sich niemals zwischen Tür und Angel, am Tresen, im Kindergarten oder wo auch immer auf eine etwaige Inanspruchnahme seiner Dienste ansprechen lassen. Verlegen Sie solche Gespräche grundsätzlich auf professionelles Terrain: Laden Sie also den Bittsteller für ein Gespräch in Ihr Büro oder in Ihre Werkstatt ein.

Lösung 2: Das Zauberwort »Kostenvoranschlag«! Lassen Sie bereits bei der ersten Kontaktaufnahme, spätestens aber im Büro oder in der Werkstatt, relativ schnell den Begriff »Kostenvoranschlag« fallen. Gemeint ist natürlich der Kostenvoranschlag für Ihre Leistung. Dieses Zauberwort führt in der Regel dazu, dass die Bittsteller recht zügig und ziemlich schmallippig das Gespräch beenden. Kommt stattdessen ein: »Ach so, ich dachte wir könnten da irgendwie …«, dann sollte man seinem Gegenüber höflich, aber bestimmt ins Wort fallen: »Oh, Entschuldigung, dann war das ein Missverständnis. Ich arbeite grundsätzlich nur auf Rechnung!« Entweder Ihre Nassauer verlassen jetzt die Örtlichkeit oder sie bleiben – und zahlen!

Wichtig: Alles kann, nichts muss! Nichts ist gegen die Verrichtung und die Inanspruchnahme eines Freundschaftsdienstes einzuwenden, wenn er freiwillig und von Herzen gerne angeboten wird. Man kann Freunde auch durchaus um einen Freundschaftsdienst bitten. Man darf jedoch nicht böse sein, wenn der oder die Angesprochene sich verweigert, weil ein solches Entgegenkommen angesichts eines deutlich erkennbaren Mangels an Zeit und Ressourcen eine Zumutung wäre.

Problem: Ich kann Quasselstrippen einfach nicht unterbrechen!

Quasselstrippen kennt jeder. Quasselstrippen begegnen einem in so ziemlich jedem sozialen Kontext und auf jeder Hierarchie-Ebene. Quasselstrippen sind Zeitfresser par excellence.

Im Büro, auf dem Gang, in der Kaffeeküche, im Hausflur, auf der Straße, wo auch immer sie auf ein Opfer treffen, wird es zugetextet – ohne Punkt und Komma. Ohne Rücksicht auf das Gegenüber und seine Zeit. Ohne Rücksicht auf die Befindlichkeit des Gegenübers. Ohne Ahnung, ob das, was da als Verbalwelle über ein Opfer hereinbricht, thematisch auch nur ansatzweise interessiert.

Denn Quasselstrippen reden nicht mit ihrem Gegenüber. Sie reden eigentlich mit sich selbst. Es sind wahre Selbstbestätigungsorgien, derer man da als Opfer Zeuge wird. Dem ganzen Gequatsche liegt zudem nicht selten ein subjektiv empfundener solider Mangel an Aufmerksamkeit zu Grunde. Eigentlich steht hinter dem Wortschwall dann nur eine Aussage: Beachte mich! Wer den Fehler begeht, irgendetwas des Gesagten auch nur mit einem »Aha« oder einem »Mmmh« oder einfach nur mit einem Kopfnicken zu kommentieren, öffnet als Stichwortgeber die Schleusen für den nächsten Verbal-Tsunami.

Was also tun, wenn sich der Wortschwall aufzubauen beginnt? Brutal ins Wort fallen, kommentarlos abwenden, aushalten und still halten? Oder vielleicht eine Standpauke halten? Und was, wenn der Schwätzer Ihr Chef ist? Kann man seinem Chef eine Standpauke halten?

Lösung 1: Zeitlimit setzen! Weil die Quasselstrippe keine Zeitlimits kennt, müssen Sie diese selbst setzen. Wenn Sie gar keine Zeit haben: »Sorry, hab' im Moment absolut keine Zeit. Lass uns morgen reden. In der Mittagspause. Da hab ich 'ne Viertelstunde Zeit.« Wenn Sie nur fünf Minuten Zeit erübrigen wollen, begrenzen Sie das Gespräch gleich zu Beginn: »Ja, okay, hab' aber nur fünf Minuten.« Und brechen Sie nach fünf Minuten bzw. nach 15 Minuten konsequent ab.

Lösung 2: Das Gespräch mit Zwischenfragen strukturieren! Die Quasselstrippe kommt vom Hölzchen aufs Stöckchen, kann keine Schwerpunkte setzen, nicht auf den Punkt kommen. Auch das müssen Sie machen. Stellen Sie Zwischenfragen, in denen Sie versuchen, das bisher Gesagte zusammenfassend auf den Punkt zu bringen: »Sie sind also der Meinung, dass der neue Reitlehrer eine pädagogische Katastrophe ist?« Und das wiederholt. Und vor allem dann, wenn sich ein Themenwechsel andeutet. »Moment mal, ich hab da noch mal zum Reitlehrer eine Frage: Kann Ihre Tochter nicht einfach den Reitstall wechseln?« So verhindern Sie ein haltloses Springen zwischen Themen.

Lösung 3: Mit Körper und Stimme zu Wort kommen. Bisweilen muss man sich mit Quasselstrippen ja inhaltlich austauschen, beruflich wie privat. Und das heißt, man muss sich mitteilen und den Redeschwall unterbrechen können. Ist nicht einfach, aber machbar. Heben Sie die Stimme, Sie müssen Ihr Gegenüber im wahrsten Sinne überstimmen, etwas lauter sein als Ihr Gegenüber. Hilfreich ist auch eine deutliche Körpersprache: Nach vorne beugen, mit der Hand den Arm des Gegenübers berühren und vernehmlich signalisieren, dass man jetzt dran ist. »Entschuldigung, dass ich da jetzt mal unterbreche, aber ich …« Und bei drohender Störung des Gedankenflusses: »Bitte! Lassen Sie mich den Gedanken kurz zu Ende führen!«

Lösung 4: »Komm auf den Punkt!« Je vertrauter Ihr Verhältnis zum Schwätzer ist, desto mutiger können Sie sein. Ein wiederholtes: »Hey, Rainer, komm auf den Punkt!« kann auf Dauer disziplinierende Wirkung entfalten. Stetes Wasser höhlt den Stein!

In Absprache mit Freund(inn)en oder Kolleg(inn)en kann man sogar eine konzertierte Aktion daraus machen. Verabreden Sie sich, dass jeder in jedem Gespräch, in dem der Schwätzer aus dem Ruder zu laufen droht, fröhlich dazwischen ruft: »Hey, Rainer, komm auf den Punkt!«

Gegen Störungen abschotten   Quasselstrippen und Schwätzer kennen weder im Büro noch privat Hemmschwellen. Diese Hemmungslosigkeit haben sie allerdings gemeinsam mit einer Menge anderer Menschen, die bewusst oder unbewusst gerne, wenn auch nicht in böser Absicht, stören: Kolleg(inn)en zum Beispiel und zuhause vor allem Kinder.

Will man also störungsfrei durcharbeiten oder sich zuhause beim Frühlingsputz oder bei der Steuererklärung nicht komplett aus dem Konzept bringen lassen, dann sollte man die Schwellen so weit erhöhen, dass sie für die potentiellen Störenfriede kaum noch zu nehmen sind.

Wir machen das mit den Fähnchen!   Sowohl am Arbeitsplatz wie auch zuhause eignen sich Signale, auf deren Symbolkraft man sich allerdings im Vorfeld mit allen Beteiligten einigen muss. Egal welches Symbol Sie wählen, es sollte unmissverständlich und von allen akzeptiert die Aussage signalisieren, dass der Betreffende zurzeit nicht ansprechbar ist. Stellen Sie ein rotes Fähnchen auf Ihren Schreibtisch, oder schließen Sie die Tür und hängen Sie wie im Hotel ein Schild an die Klinke (»Do not disturb!«), wenn Sie Ihre Ruhe haben wollen. Und ein grünes Fähnchen und ein Schild (»You're welcome«), wenn Sie ansprechbar sind.

... oder das mit der Wäscheklammer!   Und wer auch auf dem Weg zur Kaffeeküche oder zur Toilette nicht groß aufgehalten werden möchte, kann dies mit einer an der Kleidung deutlich sichtbar angebrachten roten Wäscheklammer oder entsprechenden Anstecknadeln signalisieren. Dann sieht jeder: Müller ist gerade in höherer Mission unterwegs! Nicht ansprechen!

Störfall Telefon   Ein Haupteinfallstor, durch das Quasselstrippen und andere Störer in Ihr Büro oder in Ihr Zuhause eindringen, ist nicht unbedingt die Tür, sondern die Telefonleitung. Also der beste und einfachste Tipp, wenn man nicht behelligt werden will, lautet: Anrufbeantworter einschalten! Und Handy ausschalten! Zurückgerufen wird erst, wenn man Zeit und Ruhe hat.

Selbst Unternehmen, deren Geschäftsmodell auf die permanente Erreichbarkeit für ihre Kunden ausgerichtet ist, räumen ihren Mitarbeitern in der Regel gewisse Zeitfenster ein, in denen sie ungestört administrative Tätigkeiten ruhig und effektiv abarbeiten können. Telefonansagen verweisen dann auf die Sprechzeiten, in denen man erreichbar ist.

Problem: Ich vergeude viel zu viel Zeit mit den Tratschereien von Lästermäulern!

So, jetzt kann ich nicht mehr. Das war's jetzt. Drei Stunden nur Zahlenkolonnen. Jetzt brauch ich erst mal einen Kaffee. Das wird gut tun. Also ab in den dritten Stock in die Cafeteria. Da trifft man auch immer irgendeinen Kollegen aus der Abteilung, mit dem man mal ein paar Minuten entspannt quatschen kann. Und da steht ja auch tatsächlich … oh mein Gott, da steht Lohmann. Lohmann ist das Lästermaul der Firma. Aber zu spät. Hat mich schon gesehen. Winkt mich fröhlich zu sich an den Stehtisch. Aus der Nummer komm ich jetzt nicht raus.

Was folgt, ist erst ein wenig Smalltalk, wie's denn so geht, was das Projekt X macht und das Projekt Y. Doch dann kommt's. So sicher wie das Amen in der Kirche. Dann wird die Stimme leiser, der Kopf rückt näher, der Blick schweift über den Flur oder durch den Raum, ob man auch nicht beobachtet wird oder jemand mithören kann. Denn jetzt kommt ein Geheimnis, jetzt kommt eine Information aus ganz geheimen Kanälen, die nur das Lästermaul weiß. Und die es natürlich nur unter dem Siegel der absoluten Verschwiegenheit weitergibt – allerdings an jeden, der bei drei nicht schnell genug auf den Bäumen ist.

So wird die üble Kolportage, das Gerücht vom Lästermaul in die Flüsterkanäle eingespeist, von wo es sich wie ein Virus in der Belegschaft verbreitet. Und so weiß bald das ganze Haus, dass die Frau vom Müller zum Koran übergetreten ist. Ein Hammer. Die Frau vom Müller!

Müller wird fortan misstrauisch beäugt. Der Müller! Womöglich auch er ein Konvertit? Mit den dunklen Locken und dem schwarzen Dreitagebart – sah ja schon immer ein wenig arabisch aus, der Müller. Ob das am Ende noch ein »Schläfer« ist, ein versteckter Salafist? Der arbeitet doch in der Produktion. Nicht, dass uns der Laden hier irgendwann um die Ohren fliegt.

Und irgendwann zieht den Müller ein netter Kollege an die Seite und berichtet von diesen komischen Gerüchten, wegen seiner Frau und dem Koran und so. Wegen dem Kopftuch, damals. Irgendjemand habe seine Frau mit Kopftuch gesehen, zufällig, auf der Straße. Und Müller fällt aus allen Wolken. Und dann kommt er am nächsten Tag und berichtet, dass seine Frau ab und an mit einem Kopftuch gegenüber mal eben einkaufen geht. Wegen der Lockenwickler. Die müssten ja nun mal einige Zeit drin bleiben und da würde sie die Zeit für kleine Einkäufe nutzen. Aber eben mit Kopftuch. Er, Müller, hätte das noch nie gesehen, weil, da sei er ja immer arbeiten. Und so löst es sich dann in Wohlgefallen auf, das absurde Gerücht vom Salafisten Müller.

Das Szenario ist austauschbar. Ob Lohmann in der Firma, Frau Lückerath in der Nachbarschaft oder Kamilla im Volleyballverein: Sie lauern einem überall auf und nehmen einen in Beschlag. Und sie haben immer irgendwas zu erzählen. Immer hinter vorgehaltener Hand. Sie machen sich wichtig damit. Oder sie benutzen uns für einen persönlichen Rachefeldzug, weil sie zu feige sind, die direkte Auseinandersetzung zu suchen. Und wir helfen ihnen dabei, indem wir ihnen unsere kostbare Zeit schenken. Doch wir müssen nun mal mit ihnen leben, mit ihnen arbeiten. Was also tun?

Lösung 1: Das Gespräch moderieren – und schweigen. Bevor das Lästermaul beginnen kann, zur üblen Nachrede anzusetzen, sollten Sie versuchen, mit Fragen zu unverfänglichen Themen den Gesprächsverlauf selbst zu moderieren. Zeigen Sie, dass Ihnen diese Themen wichtig sind.

Gelingt es dem Lästermaul dennoch, irgendeinen Aufhänger für irgendeine Tratscherei zu finden – und man darf sicher sein, dass ein solcher Aufhänger gefunden wird –, dann sollte man einfach schweigen. Kein Kommentar! Demonstrieren Sie stattdessen profunde Langeweile.

Irgendwann wird das Lästermaul merken, dass Sie einfach keine geeignete Projektionsfläche für seine Geschichten sind. Und dann verliert es die Lust. Weil es merkt, dass es sich bei Ihnen damit nicht wichtigmachen kann. Das ist aber ein Weg, der dauern kann. Manche Lästermäuler sind schwer von Kapee!

Lösung 2: Das Gespräch auf das Lästermaul selbst lenken. Eine mögliche Strategie besteht auch darin, während des Gesprächs die Lästerei auf das Lästermaul selbst zu lenken. Wenn das Lästermaul so richtig in Fahrt ist, dann sollten Sie Fragen stellen wie: »Sagen Sie mal Herr Lohmann, kann es sein, dass Sie mit Müller noch irgendeine Rechnung offen haben? Oder warum erzählen Sie das hier alles? Und vor allem: Warum erzählen Sie das alles ausgerechnet mir?«

Jetzt muss sich das Lästermaul rechtfertigen, muss im Zweifel von sich selbst irgendetwas erzählen. Dann heißt es nachhaken. Und dann reden Sie mit dem Lästermaul über das Lästermaul – und nicht mehr über Müller.

Lösung 3: Klare Ansprache! Je vertrauter Ihr Verhältnis zum Lästermaul ist, desto besser können Sie seine Unart offen ansprechen. Bei einem Kollegen, einer langjährigen Nachbarin, einem Teammitglied im Volleyballverein kann man höflich nachfragen: »Sag mal, was erzählst du mir hier gerade? Ist eigentlich irgendwas von dem, was du erzählst, gesichert? Das sind doch alles Vermutungen und Geschichten um fünf Ecken. Sei mir nicht böse, aber das interessiert mich nicht. Das macht nur schlechte Stimmung, über andere schlecht zu reden. Zumal, wenn man eigentlich gar nix weiß. Wenn du was *weißt*, dann kannst du mich noch mal ansprechen. Am besten aber eigentlich: Rede mit Müller selbst!« Eine klare Ansprache, die nicht aggressiv und herabsetzend rüberkommt, ist in vielen solcher Fälle das effektivste Instrument.

Wichtig: Lästern Sie selbst grundsätzlich nicht! Und schon gar nicht im Beisein eines Lästermauls. Das wäre, als würden Sie Öl ins Feuer gießen.

Und offenbaren Sie einem Lästermaul grundsätzlich keine vertraulichen Informationen, Ihre Person betreffend. Sie dürfen sicher sein, dass Sie sonst irgendwann selbst zum Gegenstand übler Nachrede werden.

Problem: Ich fühl mich immer in der Pflicht, für antriebslose Schnarchnasen deren Aufgaben zu übernehmen!

»Ach ja, was ist das ein Elend mit der Frau Mühlental von nebenan. Seitdem ihr Mann sich vor vier Jahren als homosexuell geoutet hat und aus der Wohnung zu seinem neuen Lebensgefährten gezogen ist – nach 25 Jahren Ehe! – ist mit der nichts mehr anzufangen. Lässt sich komplett hängen. Verständlich. Das war ein Schock. Also, das musste ich dann auch erst mal ihren Kindern erklären! Die waren Gott sei Dank schon erwachsen. War trotzdem nicht von Pappe, die Nummer.

Seitdem putze ich auch für sie den Flur, auch wenn sie eigentlich dran wär. Auch den Keller. Und den Rasen mäh ich auch für sie. Mein Gott, die arme Frau.

Und Andreas? Tja, der hat es ja auch nicht leicht, so kurz vor der Zulassung zum Abitur. Und so mitten in der Pubertät. Ist halt viel mit sich selbst beschäftigt, mein lieber Sohn. Und mit seinem geliebten Computer. Da räum ich halt sein Zimmer auf. Muss nur aufpassen, dass ich nicht zu ordentlich bin. Sonst schimpft er. Weil er dann doch nichts wiederfindet und so. Ansonsten findet er das glaube ich ganz gut, dass ich mich um sein Zimmer kümmere.

Ich find nur langsam überhaupt keine Zeit mehr für mich selbst. Das ist das einzige Problem.«

Sie haben solche oder ähnliche Trantüten wie Andreas oder Frau Mühlental um sich herum? Und Sie selbst sind ein bekennender Helfer-Typ? Perfekte Kombi! Also jedenfalls für die Schnarchnasen um Sie herum. Für Sie selbst weniger.

Lösung: Helfen, indem man nicht mehr hilft! Antriebslosigkeit kann ein Symptom für eine ernst zu nehmende Depression sein, die der psychotherapeutischen Analyse und Therapie bedarf. In vielen Fällen jedoch handelt es sich einfach um ein langfristig antrainiertes und zur Gewohnheit gewordenes Verhaltensmuster. Und daran wirkt in der Regel die unmittelbare Umgebung kräftig mit.

Einen Antriebslosen motivieren zu wollen, ist meistens vergeblich. Ob man quengelt, gut zuspricht, droht oder schimpft – es wird den Betreffenden nicht sonderlich beeindrucken, sondern bestenfalls nerven. Was dann wiederum dazu führt, dass er sich noch weiter zurückzieht und hängen lässt. Antrieb muss erfahrungsgemäß von innen kommen, die Betroffenen müssen sich selbst aktivieren.

Wenig hilfreich ist es dabei, wenn man einer Schnarchnase jede Selbstorganisation, jeden Behördengang, alle Aufgaben, für die sie im eigenen Interesse selbst zuständig wäre, abnimmt und fürsorglich an ihrer statt erledigt. Dann gibt es nämlich schon mal gar keinen Grund, den Hintern hochzubekommen. Es wird ja alles erledigt. Und zwar von Ihnen, vom Helfer-Typ.

Helfer-Typen tendieren dazu, sich für das Gefühl, gebraucht zu werden und für das Dankeschön aufzureiben. So wohlig ein Helfer-Typ sich dann auch fühlen mag. Helfen tut er einer antriebslosen Schnarchnase damit nicht! Wenn Sie also helfen wollen, dann bieten Sie Hilfe zur Selbsthilfe, indem Sie Ihre Hilfe und Dienstfertigkeiten einstellen. Und das sollten Sie in aller Höflichkeit, nüchtern und präzise ankündigen. Ohne jeden Vorwurf und ohne jede Aggression. Von da ab sind die Schnarchnasen selbst für sich verantwortlich. Was nicht unbedingt heißt, dass damit der Antriebslosen Heilung beginnt. Aber Sie stehen einer solchen wenigstens nicht mehr im Weg. Und haben ein erhebliches Kontingent an Zeit zurückgewonnen. Das ist ja auch schon mal was.

NACHSPIELZEIT

Bleiben Sie konsequent – immer! Egal für welche Reformen in der Organisation Ihres Alltags Sie sich in Ihrer Familie entschieden haben, bleiben Sie in der praktischen Umsetzung konsequent. Es sei denn, eine Neuerung erweist sich nach einer ausreichenden(!) Probezeit für Ihre spezifischen Verhältnisse als nicht effektiv oder nicht praktikabel.

Alle anderen Reformen, die im Prinzip funktionieren, müssen allen Beteiligten ins Blut übergehen. Und das gelingt nur mit konsequenter Durchsetzung im Alltag. Stellen Sie prinzipielle Regelungen nicht zur Diskussion!

Verspielen Sie nicht Ihren Respekt! Wenn Sie sich mit Ihrer Familie also mühsam auf eine neue Aufgabenteilung geeinigt haben, wenn Ihr Sohn also neuerdings für das Abräumen des Esstisches und das Einräumen der Spülmaschine zuständig ist, funken Sie ihm nicht dazwischen, wenn es Ihnen nicht schnell genug geht. Nach dem Motto: »Gib schon her, das kann ich ja doch schneller.«

In dem Moment haben Sie nämlich verloren. Und zwar Respekt. Man wird Sie fortan nicht mehr ernst nehmen, wenn Sie auf die Einhaltung der neuen Regeln pochen. Und Ihr Sohn wird sich bei jeder übertragenen Aufgabe bewusst ungeschickt anstellen – und seeehr viel Zeit haben.

Wenn etwas in der Übergangsphase noch nicht richtig klappt, dann stehen Sie hilfreich zur Seite, um zu zeigen, wie es schneller und effektiver geht. Aber übernehmen Sie nicht mehr Aufgaben, die einvernehmlich delegiert wurden.

Dienstags ist Yoga! Und mittwochs Champions League! Wenn Sie sich über die Neuorganisation Ihres Alltags den Dienstagabend für den lange ersehnten Yoga-Kurs haben rausschlagen können oder den Mittwochabend für die Champions-League gemeinsam mit Bernd und Ralf, dann nehmen Sie diese Termine auch wahr!

Knicken Sie nicht bei der ersten Bitte um eine Ausnahme ein: »Kannst du nicht heute ausnahmsweise mal auf Yoga verzichten und auf die Kinder aufpassen? Ich wollte mit Dieter noch das Fußballturnier besprechen.« Nein, dienstags ist Yoga. Und das hat Ihr Partner gewusst. Soll Dieter doch zu Ihnen nach Hause kommen. Fußballturniere kann man nicht nur am Tresen im Vereinsheim besprechen!

Also: Der Einzige, der Ihnen diese Termine streitig machen kann, sind Sie selbst! Und Sie müssen schon richtig gute Gründe haben, nicht zum Yoga zu gehen!

Und Sonntag ist Familientag! Die gleiche Konsequenz gilt selbstverständlich nicht nur in der Abwehr von Störmanövern, die aus der Familie selbst kommen, sondern auch von Anfragen, die von außen gestellt werden. Wenn sonntags der von allen vereinbarte Familientag ist, den man für Ausflüge oder Spiele oder was auch immer reserviert hat, dann ist sonntags der Familientag! Und der wird nicht bei jeder beliebigen Anfrage von außen geopfert: »Habt ihr nicht Lust, am Sonntag mit uns den Antikmarkt in Antwerpen zu besuchen? Tolle Atmosphäre da!« da kann es nur eine Antwort geben: »Nein, tut mir leid: Der Sonntag gehört der Familie!«

Es sei denn, Ihre Kinder interessieren sich für Biedermeier-Möbel.

MEDITATIONSKARTEN

für Anfänger und Wiedereinsteiger

Auspacken – Karte ziehen – sofort beginnen

Für mehr Gelassenheit im Alltag

Leicht und mit Spaß anwendbar

Diese Meditationskarten bieten einen neuartigen, spielerischen Einstieg in die Welt der inneren Ruhe. Es lassen sich einfache bis anspruchsvolle Meditationen kombinieren. Einfallsreiche Aufgabenstellungen helfen, den Geist der Meditation in den Alltag zu tragen. Denn Meditation hilft gegen Stress schützt vor Burnout.

Ulrich Hoffmann
Die Meditations-Box
Schöne, stabile Hardbox mit 49 Karten, ausführlicher Anleitung und Kartenständer aus Holz.
ISBN 978-3-86826-148-6

DER ETWAS ANDERE WEG
zu einem glücklicheren Leben

Der 28-Tage-Plan für ein glücklicheres Leben

Praktische Übungen für mehr Achtsamkeit und Gelassenheit

Nachhaltige Verbesserung des persönlichen Glücksniveaus

Es gibt viele gute Gründe, sich mehr Glück zu wünschen. Dieser 28-Tage-Plan zeigt, wie es gelingen kann. Eingebettet in unterhaltsame Informationen und basierend auf aktuellen wissenschaftlichen Erkenntnissen der Bewusstseinsforschung führt er Schritt für Schritt mit kleinen Übungen und realistischen Zielen zu einem entspannteren und glücklicheren Leben.

Ulrich Hoffmann
Mein Kopf. Mein Herz. Mein Weg!
Der 28-Tage-Plan für ein glücklicheres Leben
ISBN 978-3-86826-160-8